LUCY BORCHARDT
(1877–1969)

JÜDISCHE MINIATUREN
Herausgegeben von Hermann Simon

Bd. 289 LUCY BORCHARDT

Alle „Jüdische Miniaturen“ sind auch im Abonnement beim Verlag erhältlich.

Die Deutsche Nationalbibliothek verzeichnet diese Publikation in der Deutschen Nationalbibliografie; detaillierte Daten sind im Internet über https://portal.dnb.de/ abrufbar.

Inh. Dr. Nora Pester
Haus des Buches, Gerichtsweg 28
04103 Leipzig
info@hentrichhentrich.de
http://www.hentrichhentrich.de

Lektorat: Lea Wyrwal
Gestaltung: Michaela Weber
Druck: Winterwork, Borsdorf

1. Auflage 2022

Printed in Germany
ISBN 978-3-95565-528-0

INA LORENZ

LUCY BORCHARDT

DIE EINZIGE JÜDISCHE REEDERIN IN DER INTERNATIONALEN SCHIFFFAHRT

Gedruckt mit Unterstützung der
Moses Mendelssohn Akademie Halberstadt

Inhalt

„Mutter Borchardt, so nennt man sie allgemein, leitet die ‚Fairplay'-Schleppdampfschiffs-Reederei ‚Richard Borchardt' in Hamburg; sie ist, soweit man weiß, die einzige Reederin der Welt. Täglich sieht man sie im Hafen, mitten im Betrieb. Man sieht sie an Bord eines ihrer 16 Schlepper auf Inspektionsfahrten, beim Prüfen der Reparaturarbeiten auf der Werft, im Gespräch mit Kapitänen und dem anderen seemännischen Personal. Sie alle erkennen rückhaltlos die Sachkenntnis dieser Frau an. – Auch innerhalb der jüdischen Gemeinde Hamburgs ist Mutter Borchardt eine bekannte und geachtete Persönlichkeit."[1]

„Mutter Borchardt" – eine jüdische Reederin

Ein Dampfer ist leckgesprungen und wird von einem Schlepper der „Fairplay"-Reederei abgeschleppt

Alle Aufnahmen: Bienbach

Die Reederin zeigt einem Besucher ihre Schiffe

Mutter Borchardt, so nennt man sie allgemein, leitet die „Fairplay"-Schleppdampfschiffs-Reederei Richard Borchardt in Hamburg; sie ist, so weit man weiß, die einzige Reederin der Welt. Täglich sieht man sie im Hafen, mitten im Betrieb. Man sieht sie an Bord eines ihrer 16 Schlepper auf Inspektionsfahrten, beim Prüfen der Reparaturarbeiten auf der Werft, im Gespräch mit Kapitänen und dem anderen seemännischen Personal. Sie alle erkennen rückhaltlos die Sachkenntnis dieser Frau an. — Auch innerhalb der jüdischen Gemeinde Hamburgs ist Mutter Borchardt eine bekannte und geachtete Persönlichkeit.

Rechts: „Mutter Borchardt" im Gespräch mit einem Heizer

Die Reederin im Kr[illegible]e ihrer Seeleute

Ein Foto-Essay über Lucy Borchardt:
„Mutter Borchardt" – eine jüdische Reederin, 1935

Elternhaus und Herkunft

Lucy May wird am 10. Dezember 1877 in Hamburg geboren. Ihr Vater ist der praktische Arzt Dr. med. Siegmund May (1846–1921), die Mutter Pauline May (1846–1934), geb. Friede. Die Eheleute sind beide in der schlesischen Metropole Breslau (Wrocław) geboren. Die Familie ist jüdisch und liberal eingestellt, sie gibt ihren Kindern „deutsche“ Vornamen. Der Nachname „May“ ist in Breslau nicht ungewöhnlich.
Breslau ist preußischer Regierungsbezirk in der Provinz Schlesien. Die Stadt besitzt eine größere jüdische Gemeinde.[2] Als die Eltern von Lucy May in Breslau geboren werden, hatte die dortige jüdische Gemeinde ca. 7 000 Angehörige. Das entspricht einem Bevölkerungsanteil von etwa 6 %. Breslau gilt als eines der Zentren des sich Anfang des 19. Jahrhunderts entwickelnden Reformjudentums. Die führenden jüdischen Breslauer Familien stehen im Allgemeinen auf Seiten der Haskala und der Reformbestrebungen. Dieses Umfeld mag auch die Familie May geprägt haben. 1854 wird in Breslau das Jüdisch-Theologische Seminar als Hochschule eröffnet, an dessen Aufbau Abraham Geiger mitwirkt. Es wird das erste moderne Rabbinerseminar in Europa. Innerhalb der Reformbewegung vertritt Geiger eine gemäßigte Position. Die Jüdische Gemeinde zu Breslau bleibt trotz der

erwähnten Reformbewegung formal eine Einheitsgemeinde, mit je einer orthodoxen und einer liberalen Kultuskommission und jeweils eigenen Rabbinern, Synagogen und Schulen. Mitte des 19. Jahrhunderts ist die Jüdische Gemeinde von Breslau nach Berlin und Frankfurt am Main die drittgrößte in Deutschland, für einige Zeit sogar die zweitgrößte.

Seit dem „Edikt betreffend die bürgerlichen Verhältnisse der Juden in dem Preußischen Staate" von 1812 sind die in Preußen und damit auch die in Schlesien wohnhaften und erwerbstätigen Juden grundsätzlich mit den Christen gleichberechtigt. Das Edikt wird zwar 1847 durch das preußische „Gesetz über die Verhältnisse der Juden" in wesentlichen Teilen zurückgenommen, die Ausbildung in Medizin, Mathematik, Naturwissenschaften, Geographie und Sprachwissenschaft ist davon jedoch nicht betroffen. So gibt es keine rechtlichen Hindernisse, als sich der Vater Siegmund May nach seinem Schulabschluss entschließt, Arzt zu werden. Ohnedies hebt das Emanzipationsgesetz des Norddeutschen Bundes von 1869 „alle noch bestehenden Beschränkungen der bürgerlichen und staatsbürgerlichen Rechte" auf. Es ist also in Schlesien für einen Juden ohne weiteres möglich, sich als Arzt mit einer eigenen Praxis niederzulassen.

Wann die Eltern von Lucy May heiraten, ist ebenso wenig bekannt wie der nähere Zeitpunkt, zu dem sie

Breslau verlassen und die Gründe dafür. Die jüdische Binnenwanderung ist im neuen Deutschen Reich durchaus erheblich.[3] Immerhin gibt es diesbezüglich Hinweise. Lucy hat zwei ältere Brüder. Der älteste, Oswald, ist am 30. März 1874 in Hundsfeld, dem heutigen Psie Pole – einem der fünf Stadtbezirke von Breslau – geboren. Hundsfeld wird 1928 in Breslau eingemeindet. Der Vater, also Siegmund May, ist bei der Geburt seines Sohnes Oswald in Hundsfeld etwa 28 Jahre alt. Die Heirat ist also vor 1872 oder 1873 zu datieren, vielleicht auch etwas früher. Es mag gut sein, dass dies zeitlich mit dem Beginn der eigenständigen Berufstätigkeit zusammenfällt. Es ist auch denkbar, dass Siegmund May seine Arztpraxis in Hundsfeld, nicht also in Breslau selbst eröffnet und daher Hundsfeld zum Geburtsort seiner beiden Söhne Oswald (geb. März 1874) und Richard (geb. November 1876) wird. Danach ziehen die Eltern fort. Die näheren Gründe sind nicht mehr aufklärbar. Jedenfalls wird die Tochter Lucy im Dezember 1877 in Hamburg geboren.

Es ist nicht bekannt, wann genau die Eltern von Lucy, Siegmund und Pauline May tatsächlich in Hamburg ankommen und wo die Familie mit drei Kindern eine Wohnung bezieht. Irritierend ist, dass das Hamburger Adressbuch erst 1886 eine Adresse ausweist, eine Praxisadresse, Neuer Pferdemarkt Nr. 15/16, für

Dr. med. Siegfried May

den „praktischen Arzt Dr. Siegmund May“. Auch das Adressbuch der preußischen Nachbarstadt Altona weist keine Wohnadresse aus. Rechtliche Schwierigkeiten bezüglich eines Umzugs vom preußischen Breslau nach Hamburg kann es nicht geben, denn nach der neuen Wilhelminischen Reichsverfassung von 1870/71 besteht ausdrücklich ein gemeinsames Indigenat aller Reichsangehörigen. Das bedeutet unter anderem, dass jeder Reichsangehörige in einem anderen Bundesstaat einen festen Wohnsitz nehmen und ein Geschäft betreiben konnte. Niemand durfte durch „die Obrigkeit seiner Heimath, oder durch die Obrigkeit eines anderen Bundesstaates beschränkt werden“, hieß es in der neuen Reichsverfassung. Von dieser Freizügigkeit macht Siegmund May offenbar Gebrauch. War dies das Motiv, Breslau zu verlassen? Damit ist allerdings noch nicht gesagt, warum die Wahl auf Hamburg fällt. Hamburg ist in diesen Jahren gewiss ein wirtschaftlicher Magnet. Die Stadt hat 1870 etwa 325 000 Einwohner, 1890 das Doppelte und erreichte 1910 die Millionengrenze.

Als Siegmund May mutmaßlich etwa Anfang 1877 nach Hamburg kommt, wird er sich und seine Familie wahrscheinlich beim Wedde, einem Teil der Polizeibehörde, gemeldet haben und er wird vermutlich zu dieser Zeit auch Mitglied der Hamburger Deutsch-Israelitischen Gemeinde.[4] Der Beitritt ist ein „freiwilliger“, weil das hamburgische Recht seit 1864 für Juden keinen Gemeindezwang mehr kannte.[5] Siegmund May tritt ferner mit seiner Familie dem reformjüdischen Kultusverband Neuer Israelitischer Tempelverband bei.[6] Der Verband bevorzugte übrigens Prediger, die Absolventen des Jüdisch-Theologischen Seminars in Breslau waren. Nach der Satzung der Deutsch-Israelitischen Gemeinde ging die Gemeindeangehörigkeit „von selbst auf die Kinder eines gemeindeangehörigen Vaters oder einer gemeindeangehörigen Mutter" über, sofern diese Kinder dem Judentum angehörten. Die Tochter Lucy ist dadurch automatisch Gemeindemitglied geworden und bleibt es auch mit ihrer Volljährigkeit. Es ist ferner anzunehmen, dass die Söhne ihre Bar Mizwa 1887 und 1889 in der nahegelegenen Synagoge Poolstraße (Hamburger Neustadt) erhalten.[7] Die Tochter Lucy könnte im Tempelverband ihre Bat Mizwa erhalten haben, wahrscheinlich unter Rabbiner Dr. David Leimdörfer. Über die Religiosität der Familie ist kaum etwas bekannt. Siegmund May stirbt am 22. März 1921 und wird auf dem jüdischen Teil des Hamburger Ohlsdorfer Friedhofs, der Ilandkoppel, bestattet. Seine Frau, Pauline May, stirbt am 28. April 1934 und wird ebenfalls auf dem Friedhof Ilandkoppel beigesetzt. Die Eltern bleiben also bis zu ihrem Tode Mitglied der jüdischen Gemeinde. Lucy Borchardt tritt im Juli 1929 aus der Gemeinde und

dem Tempelverband aus.[8] An ihrem tatkräftigen Bemühen um jüdische Solidarität ändert ihr Austritt indes nichts, wie noch zu berichten ist.
Über die schulische Ausbildung der drei Kinder ist nichts bekannt. Die Kinder werden Ende der 1870er und Anfang der 1880er Jahre eingeschult worden sein. Eine „Unterrichtspflicht“ gibt es in Hamburg seit 1870.[9] Die Eltern müssen entscheiden, ob die Kinder eine jüdische oder eine staatliche Schule besuchen sollen. Für Jungen gab es die Talmud-Tora-Schule, getragen von der jüdischen Gemeinde. Die Schule war 1871 zur „Höheren Bürgerschule“ geworden.[10] Für Mädchen kam seit 1884 die Israelitische Töchterschule (Karolinenstraße) in Betracht.
Da beide Söhne eine akademische Ausbildung durchlaufen, kann man annehmen, dass die Eltern dies von vornherein bedacht haben. Es ist gut möglich, dass die Söhne das Wilhelm-Gymnasium besuchten, 1881 als Neue Gelehrtenschule gegründet.[11] Die Schule befindet sich an der Moorweide, rechts der Alster. Sie ist die dritte höhere „Lehranstalt“ in Hamburg nach dem Johanneum und dem Realgymnasium des Johanneums, beide links der Alster. Vielleicht wählen die Eltern auch die 1875 erbaute Oberrealschule am Holstentore. Der Sohn Oswald studiert Medizin, was in Hamburg seit 1870 möglich ist. 1898 wird er mit der Fachrichtung Hals-, Nasen- und Ohrenkrankheiten

approbiert.[12] Er eröffnet wohl 1904 eine „Spezialpraxis für Ohren-, Nasen- und Halsleiden" in der Hamburger Innenstadt am Jungfernstieg 25, wohnt aber noch bei den Eltern. 1905 verlegt er seine Praxis in die Dammtorstraße 33, später in die Dammtorstraße 35 als eine „Praxis für Dermatologie" und 1934 schließlich an den Neuen Wall 42. Er ist verheiratet mit Paula Frederika May geb. Seckel. Das Ehepaar bekommt zwei Töchter, Lieselotte (1911–1944) und Annelise (1915–2008).[13] Lucys Bruder Oswald hat spätestens seit Sommer 1938 einen begründeten Anlass, sich um seine Zukunft als Arzt im NS-Staat zu sorgen, als durch eine Verordnung bestimmt wird, dass am 30. September 1938 alle Approbationen jüdischer Ärzte erlöschen würden.[14] Das bedeutet für Oswald May zumindest als Arzt in Deutschland die Arbeitslosigkeit. Er gelangt im Juni 1939 mit seiner Frau nach Australien (Victoria/Melbourne), wo er von 1946 bis 1949 als Arzt tätig ist. Nach dem Tode seiner Frau kehrt er 1950 nach Hamburg zurück und stirbt hier am 6. September 1953.[15] Der zweite Bruder, Richard May, wird Jurist. Er wird im April 1920 Richter am Hanseatischen Oberlandesgericht.[16] Das war in Hamburg eine richterliche Spitzenposition. Er heiratet mutmaßlich nach seinem zweiten juristischen Staatsexamen (1902) Hedwig May, geb. Engel, in Hamburg. Das Ehepaar hat eine Tochter, Eva (Chava), geboren im September 1912 in Hamburg. Am 31. Oktober 1933 wird Richard May wegen seiner jüdischen Herkunft aus dem Richterdienst entlassen. Er emigriert mit seiner Familie im September 1939 in das britische Mandatsgebiet Palästina. Richard May stirbt 1953 in Haifa. Über die nähere schulische und berufliche Ausbildung von Lucy May ist nichts bekannt. Auch hier kann man nur aus ihrer späteren beruflichen Tätigkeit Annahmen ableiten. Lucy ist etwa fünf Jahre in Hamburg als Lehrerin an einer Höheren Mädchenschule (Lyzeum), dem späteren Emilie-Wüstenfeld-Gymnasium, tätig. Daraus ist zu schlussfolgern, dass Lucy May ein dafür qualifizierendes staatliches Examen erworben und zuvor eine hierauf bezogene schulische Ausbildung durchlaufen hatte. Den Zeitpunkt, zu dem sie diese abschloss, kann man auf etwa Mitte der 1890er Jahre recht genau bestimmen. Zu dieser Zeit gab es in Hamburg für Mädchen noch keine staatliche höhere Schule. Mädchen besuchten in Hamburg, um eine höhere Schulbildung zu erreichen, eine der beiden dortigen halböffentlichen Anstalten oder wichen an die 1876 gegründete „Städtische Höhere Töchterschule“ in Altona aus. Es spricht viel dafür, dass die Eltern für Lucy die 1872 eröffneten „Unterrichtsanstalten des Klosters Sankt Johannis“ auswählten, denn die Anstalt enthielt ein angeschlossenes Lehrerinnenseminar. Das mag Lucy May

Frau L. Borchardt

bewogen haben, Lehrerin zu werden. Vielleicht war dies auch von vornherein die Vorstellung der Eltern. Nach den damaligen Verhältnissen kam ein qualifiziertes akademisches Hochschulstudium für Frauen kaum in Betracht. Ohnedies gab es in Hamburg keine Universität.

Die Heirat – Eine neue Familie – Die Hamburger Schifffahrt als neue Welt

Die Mehrheit der jüdischen Frauen im Wilhelminischen Kaiserreich war Ehe- und Hausfrau. Die Familie war nach jüdischer Tradition der wichtigste Ort der Lebensgestaltung. 1902 heiratet die jetzt 25-jährige Lucy May den im Dezember 1875 in Hamburg geborenen Richard Borchardt. Sie gibt damit ihrem Leben eine wirkliche Wende. Ihre Tätigkeit als Lehrerin beendet sie sofort. Nicht nur das – die Berufstätigkeit ihres Mannes eröffnet ihr eine vollkommen andere Lebenswelt, genauer eine mit dem Hamburger Hafen intensiv verbundene Arbeitswelt. Richard Borchardt, ebenfalls jüdischer Herkunft, ist seit 1897 als kaufmännischer Mitarbeiter bei der „Hamburger Stauerei und Bugsiererei Carl Tiedemann" und als Eigentümer dreier Hafenschlepper tätig. Er scheint mit dem Unternehmen Tiedemann in einer rechtlichen

Zwitterstellung verbunden zu sein. Das Hamburger Adressbuch weist als Gewerbe „Agentur und Commission“ aus.

Carl Tiedemann weist einen bemerkenswerten Lebenslauf vor. Er ist eigentlich Hafenarbeiter im Hamburger Hafen. 1879 macht er sich selbständig und gründet sein eigenes Unternehmen, dessen Gegenstand hafenbezogene Dienstleistungen sind, nämlich Schlepp- und Bugsierdienste, Umschlagarbeiten und Güterumfuhr. Dazu benötigt man kaum Kapital, aber gute Leute. Anders als sonst zu dieser Zeit in der Hafenarbeit üblich, stellt er seine Leute fest an. Von Tagelöhnern hält er nichts. Geschäftssitz ist das elterliche Gasthaus „Old Commercial Rooms“ am „Vorsetzen“, der Verlängerung des Baumwalls unmittelbar an der Elbe, heute die Englische Planke 10. Vieles ist noch unkonventionell. Aufträge gehen mündlich ein. Ein Telefon für den praktischen Betrieb gibt es noch nicht. 1891 kauft Carl Tiedemann seinen ersten Hafenschlepper. Er nennt ihn „Picador“. Den zweiten Schlepper gibt er 1895 bei der Hamburger Werft Janssen & Schmilinsky in Auftrag. Er hat eine Vermessung von 66 Bruttoregistertonnen (BRT) und eine Antriebsleistung von 243 kW (ca. 330 PS). 1897 erwirbt er diesen zweiten Schlepper, den er selbst auf Kiel gelegt hat. Er nennt beide Schlepper „Fairplay“. So werden alle späteren Schlepper auch heißen. Damit soll gesagt werden, man biete faire Schleppverträge an. Heute würde man von einer Unternehmensphilosophie sprechen – ein Markenname soll es also werden. Und das wird es auch, über viele Jahrzehnte. Noch 1897 folgt ein dritter Schlepper. Das Unternehmen von Carl Tiedemann floriert. Es ist auch das Jahr, in dem der 22-jährige Richard Borchardt in das Unternehmen von Carl Tiedemann eintritt. Er soll das junge Unternehmen kaufmännisch und büromäßig begleiten. Man will sich in der Geschäftswelt etablieren und dazu muss das Unternehmen in das Handelsregister der Stadt eingetragen werden. Als Richard Borchardt 1902 heiratet, ist das Unternehmen in der Zählung bei Fairplay IV, Fairplay V und Fairplay VI. Längst werden die Geschäfte nicht mehr in der Gaststätte der Eltern abgewickelt, sondern nun in Steinhöft 6, später in Nr. 11 untergebracht, heute „Haus am Hafen" genannt, in zentraler Lage. Versteht Lucy etwas vom hektischen Leben und Treiben im Hafen? Von der Wohnung der Eltern am Neuen Pferdemarkt ist es nicht weit zur Elbe und zum Hafen, auch nicht zu den Vorsetzen. Die Aufgaben von Richard Borchardt nehmen immer mehr zu, auch die verwaltungsrechtlichen, welche dieses aufblühende Unternehmen mit sich bringt.

Die junge Familie von Richard und Lucy Borchardt wohnt zunächst in der Grindelallee 93, dann in der

Steinhöft 11

Bornstraße 2, daraufhin in der Rothenbaumchaussee 101, seit 1920 in der Eimsbütteler Str. 38–39 und bezieht schließlich 1923 ihr neu gebautes Wohnhaus in Hamburg-Eppendorf, Rainweg 9. Eppendorf ist ein junger Stadtteil, erst Ende des 19. Jahrhunderts als

Stadterweiterungsgebiet erschlossen. Dort gibt es auch große Etagenwohnungen,[17] die bei jüdischen Familien beliebt sind. Das Haus Rainweg 9 liegt in Alsternähe. Ob Lucy und Richard Borchardt das führen, was man ein „jüdisches Haus" nennen kann, ist ungewiss. Es gibt dazu in den Quellen keine Hinweise, in keinerlei Richtung. Der Stand einer Assimilation oder Akkulturation der jungen Familie lässt sich nicht beurteilen. Lucy und Richard Borchardt sind allerdings Mitglieder der Deutsch-Israelitischen Gemeinde Hamburg. Am 22. Februar 1903 wird der Sohn Jens Theodor Edwin geboren. Er wird nach einer Ausbildung als Matrose in Hamburg Rechtsanwalt. Es folgen Friedrich Karl Wilhelm am 28. August 1905, Kurt Walter Erich (Mordechai) am 14. Juni 1908, Charlotte Rosa Dorothea am 14. Mai 1909 und Susanne Erika Eleonore als Letztgeborene am 17. Februar 1913. Die beiden Töchter besuchen die reformorientierte Lichtwarkschule. Lucy Borchardt ist jetzt 35 Jahre alt. Mit fünf heranwachsenden Kindern ist sie gut beschäftigt, zudem führt sie ein gastfreies Haus, wie berichtet wird.[18]

Das Wohnhaus im Rainweg 9 wird nach 1938, als Lucy Borchardt ihre Heimatstadt Hamburg schon verlassen hat, sein eigenes „jüdisches" Schicksal haben. In dem Haus wohnten seit 1934 Gertrud Pardo (geb. 1883) und später ihre Schwester Angela Pardo (geb. 1885), beide 1941 nach Łodz deportiert und im Mai oder Anfang Juni 1942 im Vernichtungslager Chelmno ermordet. Daran erinnern heute zwei Stolpersteine. Sie waren Schwestern des Hamburger Rechtsanwalts und SPD-Politikers Herbert Pardo (1887–1974). Pardo war Vorsitzender der Portugiesisch-Jüdischen Gemeinde gewesen und ähnlich wie Jens Borchardt bereits 1933 nach Haifa emigriert.[19]

Auf dem Weg zum Reeder: Richard Borchardt

In diesen Jahren der Familiengründung macht Richard Borchardt berufliche Karriere. Der wirtschaftliche Aufschwung des Deutschen Reiches, die Industrialisierung, der Ausbau der Hamburger Werften und des Hamburger Hafens kommen auch den Hamburger Reedereien zugute.

Nachdem die Folgen der Choleraepidemie von 1892 und eines Hafenarbeiterstreiks 1896/97 überwunden sind, herrscht in Hamburg Aufbruchsstimmung.[20] Von ganz erheblicher Bedeutung ist die ökonomische Struktur und wirtschaftliche Leistung des 1888 geschaffenen, zollfreien Freihafengebiets. Die Industrialisierung Hamburgs nimmt rasant zu. Der Hafen wird für die Dampfschifffahrt wesentlich erweitert, die Hafen- und Strombaueinrichtungen und die

Verkehrsinfrastruktur werden deutlich verbessert.[21] Gelände für neue Fabrikanlagen werden aufgeschüttet. Die Hamburger Werften entwickeln sich zu Zentren der deutschen Schiffbauindustrie. 1907 werden die Landungsbrücken auf einer Länge von 205 Metern gebaut, 1911 kommt der Elbtunnel hinzu. Neue kapitalistische Strukturen prägen diesen komplexen wirtschaftlichen Modernisierungsprozess. Um 1900 arbeiten hier etwa 25 000 Hafenarbeiter. Gleichzeitig entwickelt sich während des Wilhelminischen Reiches verstärkt ein öffentlicher Dienstleistungssektor. Auch Leben und Aufstieg von Richard Borchardt sind Teil dieser Entwicklung. Am Vorabend des Ersten Weltkriegs 1914 wird Hamburg nicht nur die nach London zweitgrößte Hafenstadt Europas sein, sondern auch ein bedeutender Industriestandort. Die von Wilhelm II. geförderte militärische Schiffbaupolitik kommt zunehmend den Werften zugute, auch in Hamburg. Das Unternehmen von Carl Tiedemann bedarf dringend neuen, also fremden Kapitals, wenn es weiterhin wachsen will.[22]

Seit einiger Zeit hatte Richard Borchardt mit dem Gedanken gespielt, die Firma „Carl Tiedemann“ zu verlassen. Er strebt Selbständigkeit an und verlässt die Firma wahrscheinlich 1902, offenbar in freundschaftlichem Verhältnis, wie die weitere Entwicklung zeigt. Richard Borchardt gründet eine eigene Agentur in der Hermannstraße, heutige Hamburger Innenstadt. 1905 entschließt sich Carl Tiedemann, als neuen Anteilseigner die Stauerei Johannes Pauls & Carl Heinrich Blohm in Form einer Aktiengesellschaft aufzunehmen. Tiedemann bringt vier Fairplay-Schlepper in die Gesellschaft ein, Pauls und Blohm sechs Schiffe. Neben dem Bugsiergeschäft und der Hafenassistenz soll die neue Gesellschaft Schleppreisen auf der Nord- und Ostsee und gelegentliche Seenotrettungs- und Bergungseinsätze betreiben. Die Firmenadresse ist nun direkt am Hafen, Baumwall 10. Die Eintragung in das Notariatsregister am 25. November 1905 gilt als Gründungsdatum der neu strukturierten Fairplay-Reederei. Richard Borchardt kehrt in das Unternehmen zurück. Er und Johannes Heinrich Pauls jr. teilen sich nun die Geschäftsführung (Vorstand). Richard legt sich den Titel „Direktor" zu, wie es zu dieser Zeit üblich ist. Gleichwohl spricht er mit seinen Leuten gerne plattdeutsch, wie es im Hafen immer noch gebräuchlich ist. Borchardt ist jetzt 30 Jahre alt, verheiratet, Vater von zwei Söhnen und „Direktor". Das neue Unternehmen ist ungewöhnlich erfolgreich, das Geschäft breitet sich in der Nord- und Ostsee aus. 1909 kommt es erneut zu einer Änderung der internen Unternehmensstruktur: Alleiniger persönlich haftender Gesellschafter der Kommanditgesellschaft wird Richard Borchardt. Gleichzeitig wird

Stapellauf des neuen Schleppers Fairpax IX, 1910
(Richard Borchardt von hinten, den Hut schwenkend)

der Firmenname ergänzt in „The Fairplay Steam-Tug Company“. Das signalisiert zu Recht einen internationalen Anspruch, denn längst agiert das Unternehmen auch international, vor allem im Hochseebereich. Richard Borchardt verpflichtet sich, innerhalb von 15 Jahren die Kommanditisten „auszuzahlen“.

Dann soll die Gesellschaft formal liquidiert werden. Mit der gewählten Konstruktion übernimmt Richard Borchardt rechtlich eine unbeschränkte persönliche Haftung. Dagegen ist die Haftung der Kommanditisten auf die Höhe ihrer Einlage beschränkt. Sie haften nicht mit ihrem Privatvermögen. Das ökonomische Risiko ist also für Richard nicht gering, wenn das Unternehmen in finanzielle Schwierigkeiten geraten sollte. 15 Jahre später, 1924, war die Inflationszeit als Kriegsfolge überwunden, Richard Borchardt – hier im chronologischen Vorgriff – kann die Kommanditisten mit ihrer Einlage auszahlen.[23]

Der Erste Weltkrieg 1914–1918 – Der „Berufswechsel" von Lucy Borchardt – Die Revolution 1918/19

Am 31. Juli 1914 erklärt Kaiser Wilhelm II. den Kriegszustand und löst damit den militärischen „Belagerungszustand" aus. In rechtlicher Hinsicht besteht jetzt in Deutschland eine Militärdiktatur. In Hamburg geht die vollziehende Gewalt auf den stellvertretenden Kommandierenden General des IX. Armeekorps in Altona (Palmaille) über. Die anschließende Kriegserklärung vom 3. August 1914 richtet sich gegen Frankreich. Am 4. August 1914 ergeht die Kriegserklärung

Großbritanniens an Deutschland. Die Hoffnung der deutschen Regierung auf eine britische Neutralität hat sich damit endgültig zerschlagen. Angesichts der britischen Flottenstärke ist jetzt mit einer Kontinentalsperre zu rechnen. Für das Unternehmen, das Richard Borchardt seit 1909 als geschäftsführender Gesellschafter allein leitet, könnte dies ganz erhebliche Folgen haben, natürlich auch für das gesamte deutsche gesellschaftliche und politische System. Die deutsche Bevölkerung befindet sich in der Kriegsbegeisterung der ersten Zeit in einem Zustand der Euphorie, dem auch die überwiegende Mehrheit der deutschen Juden anhängt. Viele melden sich sofort freiwillig zum Heer und zur Marine in der Erwartung eines schnellen Sieges über die Entente-Staaten. Noch im Juli 1914 haben die oppositionelle SPD und die Gewerkschaften Massendemonstrationen gegen den drohenden Waffengang organisiert. Vergebens. Am 4. August 1914 erklärt die SPD-Reichstagsfraktion ihre Zustimmung zu den beantragten Kriegskrediten. Bereits im Jahr 1914 werden im Durschnitt jeden Tag knapp 4 000 deutsche Soldaten sterben, 1915 werden es 7 000 sein. Hamburg hat etwa 31 500 Kriegstote zu beklagen.

Zu Beginn des Krieges verfügt die Reederei von Richard Borchardt über elf Fairplay-Schiffe und zwei kleinere Schlepper. Noch im Jahr 1914 beschlagnahmt

Richard Borchardt in Marineuniform

die Kaiserliche Marine alle Dampfer. Fairplay I wird von der Marine eingezogen und bei der Sperrfahrzeug-Division der Jade eingesetzt, ab November 1916 als Verkehrsdampfer bei dem I. Geschwader der Hochseeflotte. Der Schlepper Fairplay V wird erst 1916 eingezogen. Die Fairplay V wird neben anderen Schleppern in Cuxhaven stationiert. Anfang 1916 war Joachim Ringelnatz, bürgerlich Hans-Gustav Bötticher (1883–1934), dorthin als Bootsmaat kommandiert.[24] Darüber wird er später berichten.[25] Der Hamburger Betrieb des Unternehmens muss starke Einschränkungen vornehmen, da es ihm sowohl an Schiffen als auch an Aufträgen mangelt. 1915 meldet sich Richard Borchardt freiwillig zur Kaiserlichen Marine und wird als Deckoffizier, ein unmittelbar hinter den Seeoffizieren der Kriegsmarine rangierender Dienstgrad, eingeteilt: Er ist jetzt also „Militär". Er habe seine Marineuniform mit großem Stolz getragen, wird in der Familie erzählt. Bis zum Kriegsende wird er bei der Marine bleiben. Zuvor hat er seine Frau, die nun 38-jährige Lucy, im Einvernehmen mit den Kommanditisten zur Prokuristin bestellt, damit das Unternehmen bei seiner Abwesenheit nicht entscheidungslos bleibt. Das Handelsrecht ermächtigt sie mit einer Prokura „zu allen Arten von gerichtlichen und außergerichtlichen Geschäften und Rechtshandlungen, die der Betrieb eines Handelsgewerbes mit sich bringt". Lucy Borchardt versteht die erteilte Prokura nicht nur als Ermächtigung, sondern als Auftrag, bald das Richtige zugunsten des Unternehmens und seiner Angestellten, zugunsten der leidenden Wirtschaft und vielleicht auch für sich selbst und ihre Familie zu tun. Sie hält das Geschäft durch Chartern von Ersatzfahrzeugen in Gang. Ihre erstaunliche Dynamik, ihre Entschlusskraft, auch ihre Risikobereitschaft, in der Männerwelt des Hamburger Hafens durchsetzungsstark zu agieren, überrascht nur zu Anfang viele. Die jüngste Tochter Susan Erika Eleonore, geb. 1913, sowie auch die anderen vier Kinder sind zu umsorgen. Bemerkenswert. Sie kümmert sich zugleich geradezu „mütterlich" um die Belegschaft; von den Hafenarbeitern erhält sie den liebevoll gemeinten Beinamen „Mutter Borchardt". Kurt Borchardt berichtet später, dass seine Mutter häufig dafür sorgte, dass der Lohn des Mannes an dessen Frau ausgezahlt wurde, da die Männer ihren Lohn sonst zumeist im Hafen vertranken. In einem von der Fairplay Reederei erworbenen Sommerhaus in Travemünde richtet Lucy Borchardt 1915 die Erholungsstätte „Weddigen Heim" für verwundete U-Bootfahrer ein.

Im Februar 1917 kommt es zu Hungeraufständen und zur Plünderung von Bäckereien in Hamburgs Arbeitervierteln. Die britische Blockade der Nordsee macht sich immer stärker bemerkbar, nicht zuletzt durch

Das Weddigen-Heim in Travemünde

eine systematische Unterversorgung der Zivilbevölkerung mit Nahrungsmitteln. Lucy Borchardt, seit zweieinhalb Jahren alleinentscheidende Prokuristin, erwirbt einen Fischkutter, um mit dem Fischfang die Ernährungslage der eigenen Leute zu verbessern.

Richard Borchardt kommentiert die Tatkraft seiner Frau mit den plattdeutschen Worten: „Schall ick mien Lüd nich füttern könn, ha“. Nach dem Krieg wird der Kutter verkauft werden. Im Januar 1918 treten 25 000 Hamburger Werft- und Metallarbeiter in den Streik, um eine Verbesserung ihrer Alltagssituation und die Beendigung des Krieges zu erreichen. Der Streik trifft auch die Fairplay Reederei. Es sind schwere Zeiten. Auch nach Kriegsende und der Rückkehr des Ehemannes bleibt Lucy Borchardt weiterhin im Unternehmen tätig. In Hamburg übernimmt am 6. November 1918 ein provisorischer Arbeiter- und Soldatenrat die Macht – also drei Tage vor dem Umsturz in der Reichshauptstadt Berlin.[26] Erst mit der Bürgerschaftswahl vom 16. März 1919 geht die politische und rechtliche Macht vom Arbeiter- und Soldatenrat auf die nun verfassungsgebende Bürgerschaft über. Einen Tag später tritt die Exekutive des Großen Arbeiterrats letztmals zusammen. Die rote Fahne über dem Rathaus wird nach vier Monaten eingeholt. 46 % der Hamburger Bürgerinnen und Bürger stimmen bei einer Wahlbeteiligung von 80,55 % für die SPD und nur 8,1 % für die USPD. Die Herabsetzung des Wahlalters von 25 auf 20 Jahre und das eingeführte Frauenwahlrecht verändern die Wählerschaft stark. Der Gründer der Fairplay-Gruppe, Carl Tiedemann, stirbt 1919. Der Versailler Vertrag führt auch für die Handelsschifffahrt zu deutlichen Einschränkungen. Fast die ganze Handelsflotte und etwa ein Viertel der Fischereiflotte muss an die Kriegsgegner ausgeliefert werden. Das trifft mittelbar auch den Schlepperdienst im Hamburger Hafen.[27] Die Umstellung der Wirtschaft von Kriegs- auf Friedensbedürfnisse erweist sich als außerordentlich schwierig. Bereits während des Krieges entstehen extreme Versorgungsschwierigkeiten für die Millionenstadt.[28] Immerhin, den energischen Anstrengungen der Politik gelingt es, die Arbeitslosigkeit, die sich durch die zurückkehrenden Soldaten zunächst drastisch erhöht hatte, etwa im Jahr 1921 zu mindern. Im selben Jahr beginnt Richard Borchardt seine Schlepperflotte kontinuierlich zu modernisieren.

Mit der Reichsverfassung vom 11. August 1919 setzt sich das System einer parlamentarischen Demokratie durch. Der Sozialdemokrat Friedrich Ebert wird erster Reichspräsident. Die neue Hamburger Verfassung tritt am 9. Januar 1921 in Kraft. Es sind und bleiben schwierige Zeiten. Der sogenannte Hamburger Sülzeaufstand (1919), der Kapp-Putsch (1920), die Ermordung von Matthias Erzberger (1921), die Ermordung von Walter Rathenau (1922) und der Hitler-Putsch (1923) sind Zeichen tiefergehender politischer Umbrüche. Großes Aufsehen zieht der von der KPD am 23. Oktober 1923 in Hamburg ausgelöste bewaffnete

Aufstand auf sich; nach wenigen Stunden ist er gescheitert.[29] Die 1919 einsetzende Inflation entwickelt sich 1923 dramatisch. Wie auch andere Unternehmen druckt die Fairplay Reederei eigene Geldscheine mit einer Einlösung in Devisen zum Tageskurs. Das ist möglich, weil ausländische Auftraggeber in Devisen zahlen. Erst 1924 kann die Inflation durch die Währungsumstellung beendet werden.[30] Es gelingt, die eingeführte „Goldmark“ mit fiktiver Golddeckung stabil zu halten und damit für den Hamburger Hafen wichtige Import- und Exportgeschäfte überhaupt erst zu ermöglichen.

Der Tod von Richard Borchardt – Die Reederin Lucy Borchardt

Eine stabile Währung bildet die Voraussetzung dafür, die vorhandenen Kommanditanteile abzulösen. Am 1. Oktober 1924 werden die letzten Kommanditisten ausbezahlt. Der 49-jährige Richard Borchardt ist nun endgültig ökonomisch und rechtlich alleiniger Eigentümer. Er wird stolz gewesen sein. Nochmals wird der Name des Unternehmens geändert, es heißt nunmehr „Fairplay Schleppdampfschiffs-Reederei Richard Borchardt“. Das Unternehmen weitet sich aus. Lucy Borchardt erhält Einzelprokura, zwei

Lucy und Richard Borchardt vor dem neu angekauften Schlepper Fairplay VIII im Jahre 1923

leitende Angestellte Gesamtprokura. Der Dawes-Plan vom 16. August 1924 regelt die Reparationszahlungen Deutschlands an die Siegermächte des Ersten Weltkrieges. Es beginnen die sogenannten Goldenen

Zwanziger Jahre. Der Ausdruck steht für den wirtschaftlichen Aufschwung der weltweiten Konjunktur, auch in Deutschland. Ermöglicht wird das nicht zuletzt durch hohe Kredite, die Deutschland aus dem Ausland, besonders aus den USA, erhält. Diese Abhängigkeit wird sich 1929 in der weltweiten Finanz- und Wirtschaftskrise „rächen". Am Schwarzen Freitag, dem 26. Oktober 1929, wird die gesamte ökonomische Welt durch einen gewaltigen Börsencrash in eine schwerwiegende Wirtschaftskrise geraten. Die politischen und wirtschaftlichen Folgen sind für Deutschland aufgrund der labilen Kapitalstrukturen verheerend.[31] Der weltweite Güteraustausch sinkt dramatisch. Dies trifft auch den Hamburger Hafen und damit das Schleppergeschäft schwer. Im März 1930 tritt die Reichsregierung zurück. Der neue Reichskanzler, Heinrich Brüning, vermag mangels parlamentarischer Verständigung nur mit Notverordnungen zu regieren. Die Reichstagswahlen vom 14. September 1930, die sogenannten Erbitterungswahlen, sind erdrutschartig: Die NSDAP erreicht aus dem Stand heraus 18,3 %, die KPD kann sich auf 13,1 % der Stimmen verbessern. Beide zusammen können jede Änderung der Verfassung verhindern. Die unsichere politische Lage hat den weiteren Abzug ausländischer Kredite aus Deutschland zur Folge. Die Zahl der Arbeitslosen steigt weiterhin. Hamburg ist auf dem Weg ins „Dritte

Reich".[32] Bei den Bürgerschaftswahlen vom 27. September 1931 geht die bisherige Regierungsmehrheit von SPD und DDP (Staatspartei), ferner Zentrum und DVP verloren. Die NSDAP erreicht 26,3 %, die KPD 21,9 % der Stimmen.[33] Eigentlich war Hamburg damit unregierbar. Noch „hilft" dem Senat eine Notverordnung des Reichspräsidenten vom 24. August 1931. Danach sind die Landesregierungen ermächtigt, zur Deckung der Haushalte der Länder und Gemeinden die Personal- und sonstigen Ausgaben auch abweichend von geltendem Landesrecht zu senken. Eine politische Lösung ist das nicht. Die schwere Wirtschaftsdepression wirkt sich auch in Hamburg verheerend aus. In wichtigen Produktionsbereichen schrumpft die Beschäftigung seit 1930 dramatisch, im Schiffbau um etwa 40%. Ende September 1931 haben die Hansestadt und Altona zusammen etwa 180 000 Arbeitslose, reichsweit sind es etwa 5,66 Millionen.[34]
Am 15. Februar 1930 verstirbt Richard Borchardt mit 55 Jahren, wie es heißt „nach kurzer schwerer Krankheit".[35] Er wird auf dem jüdischen Teil des Hamburger Ohlsdorfer Friedhofs (Ilandkoppel), in einem sogenannten reservierten Grab bestattet. Eine große Schar persönlicher und geschäftlicher Freunde hätte sich um den Sarg versammelt, vermerkt eine zeitgenössische Notiz in einer Fachzeitschrift. Richard May, der Bruder von Lucy Borchardt, hält einen Nachruf,

Richard Borchardt im Kontor

ebenso Karl Kaufmann, der Ehemann der Schwester Anna Borchardt. Nach dem Tod ihres Mannes übernimmt Lucy Borchardt die Geschäftsführung des Unternehmens. Ihr fällt dies nicht schwer, lässt man die allgemeinen wirtschaftlichen Verhältnisse beiseite. Ihren nun 22-jährigen Sohn Kurt zieht sie hinzu. Kurt war 1929 auf Wunsch des Vaters in das Unternehmen eingetreten. Er sollte den Betrieb in den nächsten Jahren „von innen" kennenlernen und in das Unternehmen hineinwachsen – so war die Vorstellung seiner Eltern. Der älteste Sohn Jens hat offenbar kein Interesse. Die neue Reederin kann sich im Hamburger Hafen auch als Frau den erforderlichen Respekt verschaffen. Man kennt sie längst. Ihre Lehr- und Lernjahre hatte sie im Ersten Weltkrieg. Lucy Borchardt ist ganz offensichtlich eine kluge Geschäftsfrau und so wird sie eine der wenigen Frauen in der Hafenwirtschaft sein. Ihre sachkundigen Inspektionen auch im Maschinenraum sind gefürchtet. Dazu trägt sie nach „Hafenart" einen Blaumann oder einen Overall. Bei Übernahmeprobefahrten stellt sie unangenehme Fragen, so wird berichtet, in den Worten ihres Sohnes Kurt: „Meine Mutter übernahm die Leitung der Firma. Sie war anders: eine Kämpfernatur. Ihr Motto war: Das Rechte tun und das Unrecht nicht dulden, sonst wird man mitschuldig."[36] Das Unternehmen unter neuer Leitung expandiert. Es wird berichtet, dass Kurt Borchardt 1932 einen Schlepper in Danzig erwirbt, für den eine Zwangsversteigerung angeordnet war. Das wird dann der Schlepper Fairplay XVII.[37] Die Ausweitung des Unternehmens soll gezielt für das Bergungsgeschäft auf der Elbe und in der deutschen Bucht gelten. Man verständigt sich mit dem traditionellen Unternehmen „Vereinigte Bugsier- und Frachtschiffahrt" über eine Marktaufteilung.[38] Im Jahr 2017 wird dieses Unternehmen mit der Hamburger Fairplay Reederei fusionieren.

Lucy ist in den Jahren an der Seite ihres Mannes eine sehr selbstbewusste Frau geworden, auch mit

Lucy Borchardt im Kontor (nach 1930)

gesellschaftspolitischem Engagement. Der Liberalität der Familie entspricht es, dass sie sich in der Deutschen Demokratischen Partei (DDP) engagiert.[39] 1931 wird sie Mitbegründerin des ersten deutschen ZONTA-Clubs.[40] Die „Confederation of Zonta Clubs" war eine 1919 in den USA gegründete Vereinigung berufstätiger Frauen in verantwortungsvollen Positionen. Neben einem karitativen Engagement ist die berufliche Förderung junger Frauen das wesentliche Ziel. Vorsitzende des neu gegründeten Hamburger ZONTA-Clubs war für die nächsten sechs Jahre die Juristin Maria Magdalene Schoch (1897–1987 (Virginia/USA)).[41] Über ZONTA hatte Lucy Borchardt ohne Zweifel persönliche Beziehungen zu den akademisch-liberalen, künstlerischen Kreisen der Stadt. Der von Beginn an im Vereinsregister eingetragene Club hätte nach der Machtübernahme der Nationalsozialisten 1933 seine jüdischen Mitglieder ausschließen müssen. Da der Club dazu nicht bereit war, ließ er sich aus dem Vereinsregister streichen. Die Frauen trafen sich fortan nur noch privat und geheim. Die Vereinsunterlagen wurden aus Sicherheitsgründen vernichtet.

Das NS-Regime – Die Veränderungen für deutsche Juden – Forcierte Auswanderung

Die Bürgerschaftswahlen in Hamburg am 24. April 1932 bringen erhebliche Stimmengewinne für die NSDAP. Die Partei wird stärkste Fraktion. Der Untergang der Weimarer Demokratie zeichnet sich ab. Am 20. Juli 1932 unternimmt die Reichsregierung unter Franz von Papen den Staatsstreich gegen das demokratisch regierte Preußen. In diesem Strudel der politischen Ereignisse ist ein überlegtes Handeln der Unternehmerin kaum möglich. Die Kraft der Demokraten zur Verteidigung der Republik ist maßgeblich geschwächt. So sehen es viele, gewiss auch Lucy Borchardt, die sich um ihren Betrieb sorgen muss. Am 30. Januar 1933 wird Adolf Hitler Reichskanzler. Seit Ende Februar 1933 greifen SA-Trupps vermehrt jüdische Geschäftsinhaber an, misshandeln diese, plündern ihre Läden. Eine erste, teilweise panikartige Fluchtwelle, auch von Hamburger Juden, beginnt. Andere sehen das NS-Regime und seinen massiven Antisemitismus in diesen ersten Monaten nur als eine vorübergehende Erscheinung an und wollen noch abwarten. Die antisemitische Politik droht in den folgenden Jahren denjenigen, die nicht auswandern oder im Untergrund „abtauchen" können, mit „Schutzhaft" in den Konzentrationslagern aus nichtigem Anlass und schließlich mit Deportation und Tod in den Vernichtungslagern. In Hamburg werden am Ende etwa 10 000 Juden ums Leben gekommen sein, die meisten von ihnen wurden ermordet.

Nach der Reichstagswahl vom 5. März 1933, in der die NSDAP 43 % der Stimmen erreicht, nehmen die judenfeindlichen Übergriffe zu. Polizeilicher Schutz ist kaum zu erreichen.[42] In Hamburg wird am 5. März 1933 der NSDAP die Polizeigewalt überlassen, auf dem Balkon des Rathauses wird die Hakenkreuzfahne aufgezogen. Der Reichstag verabschiedet am 23. März 1933 das sogenannte Ermächtigungsgesetz und schaltet dadurch Reichstag und Reichspräsidenten vom weiteren politischen Geschehen aus. Ein radikaler Umbau, auch von der Zivilgesellschaft, beginnt.[43] Am 7. April 1933 ergeht das „Gesetz zur Wiederherstellung des Berufsbeamtentums". Das Gesetz enthält den sogenannten „Arierparagraphen" – das ist der strategische Beginn einer Politik der Apartheid. Nichtarier sind diejenigen, die einen oder mehrere Eltern- oder Großelternteile hatten, die jüdischen Glaubens gewesen waren. Berufsverbände und nahezu alle Vereine übernehmen den „Arierparagraphen". Eine immer stärker werdende soziale und rechtliche Diskriminierung der Juden tritt ein. Eine Politik der systematischen Verfolgung mit Lebensgefahr ist für die Mehrzahl der deutschen Juden im Sommer 1933 kaum vorstellbar. Dennoch verlassen noch im selben Jahr etwa 37 000 Juden Deutschland.[44] Das sind knapp 14 % des jüdischen Bevölkerungsanteils: Es sind vor allem politisch Verfolgte, Künstler und Intellektuelle.[45] Die öffentlichen Verbrennungen von Büchern sogenannter „undeutscher" Autoren in Hamburg am 15. und 20. Mai 1933 sind erste Anzeichen eines Zivilisationsbruchs. Die „Nürnberger Gesetze" vom September 1935 begründen endgültig die nationalsozialistische Politik der Apartheid. Die fortschreitende auch soziale Ghettoisierung ist nicht mehr zu übersehen. Auch in der Familie Borchardt/May wird seit längerem darüber nachgedacht, Deutschland zu verlassen. Lucy Borchardt hält noch an dem Unternehmen fest. Das ist gewiss ein emotionaler Bezug zur eigenen Geschichte von Fairplay. Von ihren Kindern kann man dies nicht erwarten. Auch für die anderen jüdischen Reedereien der Hansestadt, also Bernstein, Blumenfeld und Schindler, sind schwierige Zeiten zu erwarten.

Die repressiven Maßnahmen des NS-Regimes treffen als Ersten aus der Familie den Sohn Jens (1903–1986). Er ist seit 1929 in Hamburg als Rechtsanwalt zugelassen. Mit den nichtjüdischen Anwälten Karl Fritz und Walter Sattler hatte er eine Sozietät gebildet (Rödingsmarkt 12).[46] Jens Borchardt ist in erster Ehe mit Alice Borchardt (geb. 22. März 1907) verheiratet und hat mit ihr eine Tochter, Ursula Ronja (geb. 10. Mai 1932). Seine Frau ist die Tochter von Leo Robinsohn, der zusammen mit seinem Bruder Max Inhaber eines sehr bekannten Modehauses in der Hamburger Innenstadt (Neuer Wall 25–31) mit Filialen in Düsseldorf und Frankfurt am Main ist.[47] Am 7. April 1933 ergeht das „Gesetz über die Zulassung zur Rechtsanwaltschaft". Nach diesem Gesetz kann die Zulassung von Rechtsanwälten, die „nichtarisch" sind, bis zum 30. September 1933 zurückgenommen werden. Das trifft auf Jens Borchardt zu. Die Justizbehörde nimmt am 25. April 1933 seine Zulassung zurück. Jens entschließt sich 1934 als überzeugter Zionist mit seiner Familie zur Auswanderung in das britische Mandatsgebiet Palästina.[48] Er wählt als Wohnort Haifa, wie viele andere emigrierende Hamburger Juden. 1934 gründet er in Haifa, das mit ausgebautem Hafen am Mittelmeer ideal gelegen ist, zunächst eine Schiffsmaklerfirma und eine Agentur für Fairplay. Daraus entwickelt sich wenig später zusammen mit der englischen „Barnett Brothers[49] & Borchard Ltd." (Haifa) eine Schifffahrtsgesellschaft, die „Atid Navigation Company"[50]. An ihr können Auswanderer aus Deutschland Anteile (6 %ige Preference Shares) erwerben; das wiederum ermöglicht einen genehmigten Vermögenstransfer. Die „Atid Navigation Company" gilt als die Keimzelle der jüdischen, später israelischen Handelsflotte.[51]

Nach dem Zweiten Weltkrieg wird es 1952 zwischen Israel und der westdeutschen Bundesrepublik zu einem Abkommen über Wiedergutmachung kommen. Die darin vereinbarten Zahlungen werden auch zur Finanzierung der Lieferung von mehreren modernen Fracht- und Passagierschiffen verwendet.
Jens Borchardt überführt aus Hamburg kleinere Frachter, die unter anderem in der Küstenschifffahrt eingesetzt werden. 1935 übereignet die Hamburger Fairplay Reederei der „Atid Navigation Company" (Haifa) drei Motor- und Frachtschiffe: das 1934 auf der Krupp Germaniawerft gebaute Schiff „Atid" und ein Jahr später die Schiffe „Alisa" und „Amalie". Gezahlt wird im Rahmen des devisenrechtlichen Ha'avara-Abkommens vom August 1933 zwischen der Jewish Agency und dem Reichsministerium für Wirtschaft.[52] Mit dem Transfer der Schiffe sollten jeweils jüdische Auswanderer nach Eretz Israel gelangen. Auf diesen Schiffen werden, solange sie noch unter deutscher Flagge fahren, auch jüdische Seeleute ausgebildet. Finanziert wird auch diese Transaktion über das Ha'avara-Abkommen. Seit 1931 gibt es in Deutschland devisenrechtliche Bestimmungen, die einen freien Kapitalverkehr von Deutschland ins Ausland verhinderten, deshalb ist das Abkommen innerhalb der NSDAP stark umstritten. Deutschen Emigranten ermöglicht das Abkommen immerhin den Transfer von

Bruchteilen ihres Vermögens.[53] Der Transferverlust beträgt bis 1936 15 %, von 1936 bis 1939 steigt er auf 70 %. Im israelischen Unabhängigkeitskrieg 1948/49 wird Jens Borchardt Leiter des „Israel Shipowners Pool", eine GmbH, die für die Einfuhr von Kriegsmaterial und lebenswichtigen Erzeugnissen zuständig ist.

Dieses jüdisch-palästinische Engagement des Hamburger Unternehmens ist keineswegs zufällig und auch nicht nur durch familiäre Interessen veranlasst. Lucy Borchardt ist dabei, das Unternehmen Fairplay neu auszurichten, soweit das im NS-Staat möglich ist. 1935 beginnt sie ihren jetzt 27-jährigen Sohn Kurt noch stärker in die Führung des Betriebes einzubeziehen und wandelt das Unternehmen in eine offene Handelsgesellschaft (oHG) um. 1937 heiratet Kurt Borchardt Ruth Berendsohn (geb. 10. Februar 1910). Sie war die Tochter des Hamburger Buchdruckers und Kaufmanns Robert Louis Berendsohn (1883–1949 in England) und seiner Ehefrau Alma Louise Maria Berendsohn (1888–1979 in Hamburg), geborene Ellermann. Kurt Borchardt leitet nun auch formal die Geschäfte mit.

Nach dem Tod des Reichspräsidenten Paul von Hindenburg im August 1934 ist die Diktatur personell fest etabliert. 1935 gestaltet sich für das NS-Regime zum weitreichenden Erfolgsjahr: Im Januar wird das

Saarland in das Deutsche Reich eingegliedert. Unter Bruch des Versailler Vertrages wird im März und im Mai 1935 entschieden, die Wehrmacht aufzubauen und die allgemeine Wehrpflicht einzuführen. Hermann Göring gibt die Gründung der Luftwaffe bekannt, der Autobahnbau wird propagandistisch in Szene gesetzt. Die Arbeitslosenzahl sinkt im Sommer des Jahres auf 1,1 Millionen. Die deutsche Wirtschaft steht vor einem bedeutenden Aufschwung. Das kommt auch dem Hamburger Hafen zugute. Es gelingt der Abschluss eines deutsch-britischen Flottenabkommens. Die Größe der in „Kriegsmarine" umbenannten „Reichsmarine" wird auf maximal 35 % der British Royal Navy festgelegt, die halbjährige Reichsarbeitsdienstpflicht wird eingeführt und die Vorbereitungen für die Olympischen Spiele in Berlin (1936) beginnen. Im Sommer 1935 kommt es auf dem Kurfürstendamm in Berlin an mehreren Tagen zu antisemitischen Übergriffen. Der innerparteiliche Druck in der NSDAP, gegen Juden endlich stärker vorzugehen, führt allem Anschein nach zu den Nürnberger Gesetzen vom September 1935. Es kann längst keine Rede mehr davon sein, dass das NS-Regime eine nur vorübergehende politische Erscheinung sei. Die jüdischen Führungseliten beginnen ihre zunächst ablehnende Haltung gegenüber der Auswanderung zu überdenken.[54] Es entsteht zugleich eine merkwürdige

Allianz in den Zielen zwischen deutschen Zionisten und Nationalsozialisten.[55] Die sogenannte Judenfrage ist aus zionistischer Sicht nur eine nationalstaatliche; sie ist nicht emanzipatorisch, nicht assimilatorisch und nicht integrierend zu lösen. In den Jahren 1933 bis 1935 werden ca. 80 000 Juden Deutschland verlassen, das sind etwa ein Fünftel aller Juden mit deutscher Staatsangehörigkeit. Das Zugehörigkeitsgefühl zu Deutschland und auch die Furcht vor der unbekannten Fremde machen vielen den Abschied schwer und sind Hauptgründe für das Zögern. Am Ende werden es geschätzt etwa 53 000 deutsche Juden sein, die legal in das britische Mandatsgebiet Palästina als Primärland auswandern.[56] Das entspricht auch der von der Jewish Agency geführten Statistik, die 52 463 deutsche Einwanderer nennt.[57] Daneben gibt es einen hohen Grad an illegaler Einwanderung, die mit dem Codewort „Alija Bet“ benannt wird.

Das Mandatsgebiet Palästina ist praktisch nur per Schiff zu erreichen. Beliebter Ausgangshafen im Mittelmeer ist Triest mit seinem Tiefwasserhafen, weniger Marseille. Die Auswanderung ist nicht nur von Zwang, Druck oder zionistischen Idealen geprägt, sondern fungiert auch als profitables Geschäft. Das erkennt Lucy Borchardt schnell. Ihr Unternehmen steht in Konkurrenz mit dem jüdischen Reeder Arnold Bernstein (1888–1971).[58] Bernstein, geb. in Breslau, hatte

1919 in Hamburg eine Reederei gegründet, die seit 1930 als „Arnold Bernstein Schifffahrtsgesellschaft GmbH“ firmiert. Er war Mitglied der Deutsch-Israelitischen Gemeinde in Hamburg.[59] 1934 gründet Bernstein nach schwierigen Verhandlungen mit dem NS-Regime und in Kooperation mit den Zionisten für die jüdische Auswanderung die „Palestine Shipping Company Ltd. (Palco)“ in Haifa.[60] Bernstein versteht es, sich in Hamburg werbewirksam in Szene zu setzen. Anfang 1935 veranstaltet er von Hamburg aus auf seinem Schiff „Hohenstein“, das er 1927 erwarb und das 1935 in der Hamburger Werft Blohm & Voss überholt und mit hebräischen Lettern in „Tel Aviv“ umbenannt wurde, eine Jungfernfahrt von Bremerhaven über Casablanca nach Haifa. Als Gäste dieser Werbe- und Gesellschaftsreise[61] hatte Bernstein hochrangige Vertreter der hamburgisch-jüdischen und deutsch-jüdischen Gesellschaft eingeladen, unter anderem die Rabbiner Joseph Carlebach (1883–1942) und Leo Baeck (1873–1956), Nobelpreisträger Otto Warburg (1859–1938) sowie die Frauenrechtlerin und Kunstförderin Ida Dehmel (1870–1942).[62] Beim Auslaufen wird die „Hatikwah“ gespielt, wie jüdische Zeitungen berichten. Der Kapitän des Schiffes, Leidig, ist eingeschriebenes Mitglied der NSDAP. Das am 17. Mai 1935 in Haifa registrierte Schiff verbleibt in den folgenden Jahren im Mittelmeer und transportiert jüdische Auswanderer von Triest nach Haifa.[63] Ebenfalls 1935 erwirbt Bernstein die amerikanisch-englische Reederei „Red Star Line". Die „Arnold Bernstein Steamship Company" firmiert nunmehr als „Red Star General Agency Ltd., New York". Lucy Borchardt hat gegenüber Arnold Bernstein das finanzielle Nachsehen, wenn sie seit 1934 ähnliche Ziele verfolgt haben sollte. Aber sie gibt nicht auf. Ihre Vorstellungen davon, wie sich das Unternehmen Fairplay weiter entwickeln könnte, sind wenig deutlich, das mag auch an der Quellenlage liegen. Erkennbar ist allerdings, dass sie den Aufbau einer jüdischen Schiffsindustrie und Reederei im britischen Mandatsgebiet Palästina fördern will. Dazu muss sie versuchen, den Verkauf von Schiffspassagen auf ihren Schiffen zumindest teilweise zu steigern. Dabei konnte ihr mittelbar helfen, dass der Reichsinnenminister darauf drang, Schiffspassagen tunlichst bei deutschen Schifffahrtslinien zu erwerben. Das erscheint politisch paradox für jene Reedereien, die sich noch in jüdischer Hand befanden. Tatsächlich ist die Zielsetzung des Reichsinnenministers durch Hamburger Behörden kaum kontrollierbar. Das konnte Lucy Borchardt an sich gleichgültig sein, solange sie Nutznießerin der Regelung sein würde. Der Markt ist heftig umkämpft. In diesen Jahren entstehen im britischen Mandatsgebiet Palästina neun private „jewish-owned shipping companies" wie die „Palestine Shipping Company" mit ihrem Flaggschiff „Tel Aviv" oder die „Palestine Maritime Lloyd Ltd." mit den Schiffen „Har Zion", „Har Carmel" und „Miriam", aber auch die Gesellschaft „Nahshon". Es gibt leider bezüglich dessen, wie sich die Schiffspassagen auf welche Reedereien verteilten, kein belastbares Material. Arnold Bernstein konnte Lucy Borchardt persönlich nicht gut leiden, wie er in seiner Autobiographie sehr deutlich schreibt.[64] Da mochte dann doch ein erheblicher Teil der wirtschaftlichen Konkurrenz mitschwingen. Fairplay steht auch mit der italienischen Liniengesellschaft „Lloyd Triestino" in Konkurrenz, mit der sich die Jewish Agency wohl schon im Oktober 1933 arrangiert hatte.[65] Lucys Sohn Jens hingegen scheint sich mit seinen Schiffen auf das Frachtgeschäft zu konzentrieren.[66] 1936 erweitert Lucy Borchardt ihr Engagement in Nahost, das bislang eher mittelbar durch die Unternehmungen ihres Sohnes Jens geprägt war. In Haifa beteiligt sie sich bei einem persönlichen Besuch im Juli 1936 an der Gründung der Firma „van Ommeren & Borchardt Ltd".[67] Die Finanzierung erfolgt teilweise über niederländisches Kapital, teilweise durch investiertes Kapital aus Transfergeldern der in das britische Mandatsgebiet Palästina ausgewanderten Juden.[68]

Die neuartige Idee: Eine Seefahrts-Hachschara für junge Juden (1935 bis 1938)

Eine unbegrenzte Einwanderung nach Eretz Israel ist nicht möglich, denn die britische Mandatsmacht begrenzt sie in einem strikt geregelten Quotensystem nach Kategorien.[69] Die Umsetzung dieses limitierenden Zertifikatsystems ist der Jewish Agency of Palestine übertragen. In Deutschland befindet sich das Palästinaamt in Berlin, in Hamburg gibt es seit 1934 eine Zweigstelle.[70] Ein Zertifikat kann u. a. erhalten, wer mindestens 1 000 £ pro Kopf vorzuweisen vermag. Das entspricht zunächst etwa 8 000 Reichsmark (RM), steigt später auf etwa 12 500 RM und war wirklich nicht wenig. Ein junger jüdischer Arbeiter kann diesen Betrag gar nicht aufbringen, da sein Monatslohn in Deutschland 1935 im Durchschnitt 140 RM beträgt. Die Zahl der sogenannten Kapitalistenzertifikate ist im Grundsatz nicht begrenzt. Etwa 20 000 Auswanderer gelten als sogenannte Kapitalisten. Arbeiter zwischen 18 und 35 Jahren benötigen ein sogenanntes Arbeiterzertifikat, dessen Zahl die Mandatsmacht halbjährlich festsetzt. Ein Zertifikat erhält nur, wer eine ordnungsgemäße Ausbildung nachweisen kann. Als günstig erweist sich eine handwerkliche oder – besser noch – landwirtschaftliche Ausbildung. Zahlreiche Berufe und eine hierauf

gerichtete berufliche Ausbildung (Hachschara) oder eine Umschulung sind aufgrund des „Arierparagraphen“ für junge Leute rechtlich oder doch vielfach faktisch im NS-Staat blockiert.[71] Die sich zunehmend etablierende antisemitische Grundhaltung der Bevölkerung kommt hinzu. Ständig sind jüdische Institutionen auf der Suche nach ausbildungsbereiten, auch nichtjüdischen Arbeitgebern. Innungen und Berufsverbände weigern sich indes zunehmend, jüdische Lehrlinge zu akzeptieren. Zum April 1936 beenden reichsweit etwa 6 000 jüdische Kinder die Schule, die für den Berufseinstieg einen Ausbildungsplatz benötigten.[72] Rückrechnungen aus Angaben des Zentralausschusses der deutschen Juden für Hilfe und Aufbau über die Jugendkohorten des Jahres 1938 ergeben bereits geringere Zahlen.[73] Hier macht sich die seit 1933 geringe Geburtenrate der deutschen Juden bemerkbar. Im Juni 1933 rechnet man noch mit jährlich etwa 10 000 jungen Juden, die in das berufsfähige Alter eintreten.[74] Für Hamburg selbst rechnet man mit etwa 200 jährlichen Schulabgängern.
Der Besitz eines Zertifikats wird, wie die Zukunft dann zeigt, eine Frage von Leben oder Tod werden.[75] Immerhin kommen reichsweit etwa 23 000 Juden insgesamt über ein Arbeiterzertifikat nach Eretz Israel. Zwischen 1934 und 1939 gelangen über die Jugend-Aliya etwa weitere 5 000 Jugendliche in das

Mandatsgebiet.[76] Davon stammen etwa 70 % aus Deutschland.
Die individuelle Auswahl, wer ein Arbeiterzertifikat oder ein sonstiges Zertifikat erhält, trifft eine Kommission des Palästinaamtes.[77] So geschieht es auch in Hamburg. Im Sommer 1934 kommt der 26-jährige Naftali Unger (1909–1987) aus Eretz Israel über Berlin nach Hamburg. Er ist als Zionist Mitglied des Hechaluz, des Dachverbands zionistischer Jugendorganisationen, und in der Histadrut, der Gewerkschaft der Juden im britischen Mandatsgebiet Palästina.[78] Unger soll in Deutschland die Berufsumschichtung junger Juden für eine Einwanderung nach Eretz Israel organisieren. Er soll auch bei der durchaus heiklen Vergabe der Einwanderungszertifikate im Auftrag der Jewish Agency mitwirken. In Hamburg trifft er auf Lucy Borchardt, die Unger als „alte Zionistin" charakterisiert. Merkwürdig. Lucy Borchardt sieht sich selbst nicht so. Der Zionismus nimmt zu Beginn der Weimarer Zeit innerjüdisch eine „ideologische" Außenseiterposition ein, auch innerhalb der jüdischen Gemeinde in Hamburg. Ein konkretes Engagement für den Zionismus lässt sich für Lucy Borchardt in den 1920er Jahren nicht nachweisen. Das dürfte sich wohl mit dem Jahr 1933 geändert haben. Unger und Lucy Borchardt haben eine glänzende Idee. Die Tätigkeit auf Schiffen der Fairplay könnte auch

Das Titelbild der Schrift „Hilfe und Aufbau“ des Hilfsausschusses der vereinigten jüdischen Organisationen in Hamburg zeigt einen Schlepper der Fairplay Reederei (1935)

zur Beschäftigung und zur Umschulung (Hachschara) junger Juden genutzt werden. Diese Ausbildung kann die Voraussetzung für ein Einwanderungszertifikat erfüllen.[79] Das ist ein gegenüber den staatlichen Stellen gut vertretbares Motiv. Außerdem bietet sich damit die Möglichkeit, den gezielten Aufbau einer jüdischen Handelsflotte in Palästina zu fördern.[80] Lucy Borchardt erörtert im Sommer 1936 in Haifa mit dem Schatzmeister der Exekutive der Jewish Agency die zu ergreifenden „Maßnahmen zur weiteren Entwicklung der jüdischen Schiffahrt"[81]. Sie hat allerdings allen Anlass, diesen Gedanken der Stärkung der Autonomie der jüdisch-palästinischen Wirtschaft sowohl gegenüber der britischen Mandatsmacht als auch gegenüber dem NS-Regime zu verbergen. In Deutschland gilt es, die Förderung der jüdischen Auswanderung hervorzuheben. Es scheint so, dass nach geheimen Absprachen mit Stellen des Reiches die in Haifa registrierte „Palestine Shipping Company" einen „unauffälligen" Liniendienst für die jüdische Auswanderung etablieren kann.[82]

Naftali Unger und Lucy Borchardt sind Menschen mit Tatkraft. Die gemeinsame Idee umzusetzen, ist nicht leicht. Lucy Borchardt wird sich als exponierte Jüdin und Eigentümerin einer jüdischen Reederei bewusst sein, dass sie in dem sich verfestigenden NS-Staat eine durchaus fragile Position einnimmt.[83] Sie ist eine

Außenseiterin. Sie zögert indes nicht. In Deutschland müssen die seemännische Ausbildung und die Umschulung auf den Schiffen der Fairplay nach den Regeln des Gewerberechts anerkannt werden. Bei der britischen Mandatsmacht muss der Einwand widerlegt werden, die ausgebildeten jungen Seeleute würden im Mandatsgebiet Palästina keine Arbeit finden. Inzwischen befanden sich aber zwei Kibbuzim der Seefahrt im Entstehen, nämlich Sdot Yam bei Caesarea und Glil Yam bei Tel Aviv. Zudem gibt es in Haifa Ansätze einer Handelsflotte oder einer Küstenschifffahrt. Die Zustimmung der Deutschen Arbeitsfront (DAF) muss erreicht werden und Voraussetzung dafür ist, dass kein „Arier“ einen Ausbildungsplatz verlieren darf. Auch den „Führer der deutschen Seeschiffahrt“, den Hamburger Staatsrat John T. Essberger (1886–1959), selbst Reeder, gilt es, in das Vorhaben einzubinden. Alles in allem bestehen erhebliche Hindernisse, die es dem NS-Regime hätten leicht machen können, Lucy Borchardts Planungen abzulehnen. Es bestanden auch innerjüdische Bedenken. Die Ausbildung müsse den „ganzen Menschen“ ergreifen, um ihn auf die Alija nach Eretz Israel vorzubereiten, denn dorthin sollten nur „geeignete“ Zionisten kommen. Naftali Unger wurde in Hamburg nicht müde, dies zu betonen. Zu dieser „inneren“ Hachschara soll für die zumeist assimilierten Juden die Vertrautheit

mit der jüdischen Geschichte und Landeskunde sowie Grundkenntnisse der hebräischen Sprache gehören.
Es handelt sich um eher idealistische zionistische Vorstellungen eines „jüdischen“ Erziehungszieles des Hechaluz. Auf den „deutschen“ Schiffen ließ sich das für den Einzelnen ohnehin kaum umsetzen. Bei der Auswanderung spielen die jüdischen Jugendbünde eine wesentliche Rolle.[84] Man musste von der Hamburger Ortsgruppe des Hechaluz, der etwa 30 % der jüdischen Jugend in Hamburg angehörte, vorgeschlagen werden und blieb in diese Gruppe eingebunden. Die äußere Arbeitssituation war für eine seemännische Hachschara angesichts der Betriebsstrukturen von Fairplay, bestehend aus Hafenschleppern, zwei Hochseeschleppern und zwei Frachtdampfern, nicht gerade ideal und verlangte nach einem durchdachten Ausbildungsplan. Bei diesen Frachtdampfern geht es um den 1936 erworbenen „Richard Borchardt“ (gebaut 1906 mit 555 BRT) und die 1937 erworbene „Lucy Borchardt“ (gebaut 1905 mit 1300 BRT). Der Erwerb dieser beiden Dampfer ermöglichte für die Hachschara ein Mindestmaß an Hochseeausbildung für ein Zertifikat. Die Ausbildungszeit betrug 30 Wochen. Die Motive des Engagements von Lucy Borchardt sind nicht ganz einfach zu verstehen. Einen „dogmatischen“ Zionismus lehnte sie wohl ab. Aber

Lucy Borchardt, eine Porträtzeichnung von Otto Quirin (2008)

im Sommer 1935 darf man mit aller Zurückhaltung ihre Umsetzung des Hachschara-Gedankens auch als eine mittelbare Widerstandshandlung verstehen. Als sie Deutschland im Sommer 1938 verlässt, wählt sie nicht das britische Mandatsgebiet Palästina, sondern London als neue Heimstatt.

Im Frühsommer 1938 kommt die Seefahrts-Hachschara zum Erliegen. Die Zahl der erfolgreich ausgebildeten Juden liegt nach den eigenen Angaben der Reederin im Jahre 1954 bei insgesamt 150.[85] Um den einzelnen Jugendlichen sorgt sich Lucy Borchardt persönlich. Auch dies mag dazu beigetragen haben, dass sie von vielen die Bezeichnung „Mutter der jüdischen Seefahrt" erhielt. Dazu mochte ebenso ihre kleine, etwas kompakte Statur Anlass geben, aber nicht nur dies: „Man sieht sie an Bord eines ihrer 16 Schlepper auf Inspektionsfahrten, beim Prüfen der Reparaturarbeiten auf der Werft, im Gespräch mit Kapitänen und dem anderen seemännischen Personal. Sie alle erkennen rückhaltlos die Sachkenntnis dieser Frau an", wie es in einem Porträt der Bildbeilage des *Israelitischen Familienblattes* 1935 heißt.[86] Naftali Unger, der im Mai 1935 ins britische Mandatsgebiet Palästina zurückkehrt, berichtet der „Palestine Shipping Company" über die Schwierigkeit, Ausbildungsplätze für jüdische Jugendliche zu finden.[87] Allerdings spricht er 1974 in seiner Autobiografie „Margot" davon, auf den Schiffen der Fairplay hätten „Hunderte von jüdischen Jugendlichen ihre Hachschara auf See bekommen".[88] Auch Lucy Borchard selbst nennt in einem Interview nach dem Zweiten Weltkrieg die Zahl von etwa 150. Das sind liebevolle Verklärungen. Das von Naftali Unger und Lucy Borchardt ausgedachte Modell auf andere Schiffe zu übertragen, misslingt. Auf die offizielle Bitte des Palästina-Amtes sagt die Bernstein-Reederei nur die Ausbildung von sechs jungen Juden zu. Die in dieser Zeit entstandenen Fotografien zeigen Lucy Borchardt mit einer strengen Kurzhaarfrisur und in schlichter Kleidung sowie markanten Gesichtszügen, die einen resoluten Charakter andeuten.[89] 1937 preist die *CV-Zeitung*, das Organ des Central-Vereins deutscher Staatsbürger jüdischen Glaubens, die Reederin für ihre kaufmännische Tüchtigkeit und ihre menschliche Güte.[90]

Am 29. Januar 1938 sank der Dampfer „Richard Borchardt" bei schwerer See in der Nordsee, vermutlich westlich des Feuerschiffs Borkumriff. Hierbei ertranken 18 Offiziere und Mannschaften, unter ihnen zwei jüdische Seeleute, der Maat Julius Hamburger und der Trimmer Klaus Wittner.[91] Dazu heißt es in der späteren Unfallverhandlung vor dem Seeamt Hamburg: „[...] wenn als Zimmermann ein Halb-Arier und weiter ein Trimmer und ein Kochmaat, welche Juden waren, sich an Bord befanden, so kann das nicht in Zusammenhang mit diesem bedauerlichen Unfall gebracht werden".[92]

Zunehmende Pressionen durch das Hamburger NS-Regime (1936) – Das Schicksal zweier Hamburger „jüdischer" Reedereien

Das NS-Regime besitzt anfangs noch keinen geschlossenen Gesamtplan, wie „die Juden" aus der deutschen Gesellschaft zu verdrängen sind.[93] Die antisemitische Politik zielt zunächst sektoral auf einzelne Berufs- und Wirtschaftszweige und auf einzelne soziale und kulturelle Bereiche. Seit Sommer 1936 aber erfasst das NS-Regime nahezu vollständig alle sozialen und ökonomisch relevanten Lebensbereiche. Die NS-Politik nimmt zudem zunehmend aggressive Züge an. Hitler trifft 1936 zwei äußerst wichtige Personalentscheidungen: Am 17. Juni 1936 ernennt er den Reichsführer SS Heinrich Himmler zum Chef der Deutschen Polizei im Reichsministerium des Innern, dem die Geheime Staatspolizei (Gestapo) untersteht. Deren Maßnahmen werden von jeder gerichtlichen Kontrolle freigestellt. Die zweite Personalentscheidung betrifft Hermann Göring, den Hitler am 18. Oktober 1936 zum Beauftragten für den Vierjahresplan ernennt. Göring war damit praktisch der Wirtschaftsdiktator in Deutschland mit nahezu unbegrenzten Vollmachten, auch zur autonomen Rechtssetzung. Damit ist die NS-Diktatur in polizeilicher und sozialökonomischer Hinsicht perfektioniert. Jeder, nicht nur Juden, kann sich nur noch in den von Himmler und Göring gebildeten Machtstrukturen bewegen. Dies gilt ebenso für alle Behörden und schließt indes nicht aus, dass sich einzelne lokale Machtzentren bilden wie in Hamburg um den Reichsstatthalter und NS-Gauleiter Karl Kaufmann (1900–1969),[94] der wie ein „kleiner Diktator" agiert.[95] Mit ihm gelingt es Lucy Borchardt im Sommer 1938, eine sehr spezielle Vereinbarung über Fairplay zu treffen.

Es sind die üblichen Handlungsweisen diktatorischer Systeme, gezielt nach Rechtsverstößen zu suchen, um Pressionen „plausibel" vornehmen zu können. Eine jüdische Reederei, zumal eine ökonomisch erfolgreiche, gehört nicht in das Gesamtkonzept des NS-Regimes. Das Grundmuster der Pressionen ist der Nachweis oder auch nur der Verdacht finanzieller, steuerlicher oder devisenrechtlicher Unregelmäßigkeiten. Seit Sommer 1936 besteht ein reichszentrales Devisenfahndungsamt, das dem Geheimen Staatspolizeiamt angegliedert wurde.[96] Um 1936/37 erfahren die Devisenstelle und ihr ausführendes Organ, die Zollfahndung, einen ganz erheblichen Machtzuwachs und eine bedeutende Funktionserweiterung. Die Reichweite ihrer Entscheidungsbefugnisse, abgeleitet zumeist aus §37a des Devisengesetzes (DevG), macht sie zu den wirkungsvollsten Instrumenten bei der Vertreibung und Ausraubung der deutschen Juden. Das haben auch zwei jüdische Reedereien zu spüren bekommen. Die Gestapo verhaftet den bereits erwähnten Arnold Bernstein im Januar 1937 in Hamburg.[97] Die Hamburger Staatsanwaltschaft klagt ihn wegen Devisenvergehens an. Die Reederei ist mit über 1000 Seeleuten eines der größten jüdischen Unternehmen Deutschlands und damit dem Unternehmen Fairplay wirtschaftlich weit überlegen. Der angestrengte Strafprozess endet mit einer Haftstrafe von zweieinhalb Jahren für Arnold Bernstein. Seine Reederei wird unter Zwangsverwaltung gestellt. Ende des Jahres 1937 stellt die „Palestine Shipping Company" ihren Dienst ein. 1939 wird das Unternehmen zwangsweise „arisiert"[98] und Bernstein wird daraufhin aus der Haft entlassen. Er kann gerade noch rechtzeitig vor Kriegsbeginn in die USA „ausreisen". Um die Jahreswende 1936/1937 beginnen die Prüfungen der Devisenstelle des Landesfinanzamtes Hamburg über die Geschäftsbeziehungen der Hamburger Fairplay Reederei und der „Atid Navigation" in Haifa. Auch die Reichsstelle für Devisenbewirtschaftung schöpft Argwohn und verdächtigt Lucy Borchardt der strafbaren Kapitalverschiebung ins Ausland. Bei dem Verkauf eines Schiffes hatte sie die Freigabe von Auswanderungsguthaben beantragt. Das löst im Dezember 1936 einen Verdacht und umfangreiche Betriebsprüfungen aus. Die Unternehmen in Hamburg, London und Haifa pflegen offensichtlich sehr enge Geschäftsbeziehungen. Vor allem die Geschäfte der Londoner Firma „Barnett Brothers“, die auch als Agentur aktiv geworden ist, gelten den NS-Behörden als nur vorgetäuscht.[99] Die Verdachtsgründe sind nicht ganz abwegig. Die für Fairplay durch die „Barnett Brothers“ in London als Agenten eingezogenen Schlepperlöhne, die als fakturierte Beträge in britischer Währung gezahlt werden, werden nur sehr unregelmäßig nach Hamburg abgeführt. Nach Meinung der Devisenstelle entzieht damit Fairplay dem Deutschen Reich den Zugriff auf Devisen. Es lässt sich nicht ganz von der Hand weisen, dass Fairplay in London faktisch eine Zweigstelle mit eigener Haushaltsführung eingerichtet hatte. Außerdem war Fairplay beim Erwerb der ehemaligen Viermastbark „Parma“ durch die „Barnett Brothers“ behilflich. Das Schiff sollte von Finnland nach Hamburg überführt, dort zu einem Kohlenbunkerschiff umgebaut und dann zur Errichtung einer Station für Schiffsbunkerkohlen nach Haifa gebracht werden. Dieser Vorgang erregt

zusätzlichen Verdacht. Das Geschäft wird später nicht durchgeführt.
Das Devisenrecht des NS-Regimes erfasst also auch finanzielle Transferleistungen deutscher Unternehmungen im Ausland. Die von der Devisenstelle Anfang 1937 durchgeführte Buchprüfung nährt jedenfalls den Verdacht, Fairplay habe Außenstände in Devisen, vor allem in England, nicht korrekt in ihren Büchern aufgeführt und nicht eingezogen. Darin konnte in der Tat eine unzulässige Kreditierung in ausländischen Devisen liegen. War dies der Fall, dann unterhielt Lucy Borchardt im Zusammenwirken mit der Londoner Agentur und mit dem Unternehmen ihres Sohnes Jens (Haifa) nicht genehmigte oder nicht angezeigte Devisengeschäfte. Die Devisenstellen sind befugt, bereits bei Verdacht einer Vermögensverschiebung Verfügungsbeschränkungen zu erlassen. Bei internen Prüfungen in Hamburg belässt man es nicht. Im April 1937 ersucht die Devisenstelle, über das Auswärtige Amt das Deutsche Generalkonsulat in Jerusalem zu ermitteln, ob bei dem Verkauf der Dampfer „Alisa“, „Amalie“ und „Atid“ an die Firma „Barner & Borchardt Ldt.“ gegen devisenrechtliche Bestimmungen verstoßen wurde. Das Ergebnis ist negativ. Allerdings bestätigt das Generalkonsulat, dass in Haifa Gerüchte umgingen, „nach denen bei dem Verkauf eine Umgehung der deutschen devisenrechtlichen

Bestimmungen stattgefunden habe".[100] Ein Anfangsverdacht scheint also insgesamt gegeben zu sein, aber belastbares Material findet sich offenbar nicht. Es sind nur Gerüchte. Die Quellen deuten an, dass die Devisenstelle erwog, über einen „Gewährsmann" des Deutschen Nachrichtenbüros (DNB) in Jerusalem Informationen einzuholen.[101] Das Büro fungiert verdeckt als Spionagezentrale. Es bleibt letztlich das Geschick des Hamburger Steuerberaters und Wirtschaftsprüfers Max Frenzel, ein Steuerstrafverfahren gegen Lucy Borchardt abzuwenden.

Lucy Borchardt ist offenbar nicht zu erschüttern. Ihr können die hier nur skizzierten NS-Verfolgungsmaßnahmen gegen Arnold Bernstein nicht entgangen sein. Sie scheint sich jedoch persönlich einigermaßen sicher zu fühlen. Für den 2. Juni 1937 beantragt sie die Genehmigung einer Geschäftsreise nach Haifa für etwa vier bis fünf Wochen.[102] Das wirkt angesichts des noch laufenden devisenrechtlichen Ermittlungsverfahrens recht kühn. Eine angefragte befürwortende Stellungnahme der Industrie- und Handelskammer Hamburg ist nicht zu erreichen. Mitte Juni 1937 lehnt die Reichsstelle für Devisenbewirtschaftung (Reichswirtschaftsministerium) eine Transferleistung im Rahmen des Ha'avara-Abkommens ab. Begründet wird dies mit der „undurchsichtigen Geschäftsführung der Familie Borchardt und der Fairplay.[103]

Zugleich empfiehlt die Reichsstelle der Hamburger Behörde intern, gegen Fairplay die erwähnten Sicherungsmaßnahmen nach § 37a DevG anzuordnen.[104] Das hätte den Verlust der Verfügungsgewalt über das Betriebsvermögen aufgrund von nicht genehmigten Devisengeschäften bedeutet. Ungeachtet dieser angespannten Situation stellt Fairplay in den Monaten Juni bis August 1937 elf junge Juden im Rahmen der Seefahrts-Hachschara ein. Zu der Sicherungsanordnung kommt es nicht. Ein weiterer Bericht der Devisenstelle vom 28. Juni 1937 wiederholt den Verdacht der „Kapitalverschiebung". Die Lage bleibt unverändert kritisch. Lucy Borchardt treibt wohl doch ein letztlich hochriskantes Spiel im Zusammenwirken mit ihrem Sohn Jens und der Firma „Barnett Brothers & Borchard Ldt." Nach weiteren intensiven Verhandlungen, die sich bis Ende 1937 hinziehen, wird Anfang Januar 1938 Fairplay ein Verwarngeld von 15 000 RM wegen nachlässigen Verhaltens auferlegt, das in der fehlerhaften Buchführung über die eingezogenen Schlepperlöhne gesehen wird. Erst Anfang 1938 wird das Ermittlungsverfahren abgeschlossen, nachdem Lucy Borchardt die Geldbuße beglichen hat.[105] Sie weiß nun, wie außerordentlich vorsichtig sie sein muss und dass sie jederzeit mit neuen Buchprüfungen zu rechnen hat, die dann wiederum Sicherungsmaßnahmen nach § 37a DevG auslösen.

Ungewissheiten zu erzeugen, ist Teil der Diskriminierungspolitik des NS-Regimes. Im Januar 1938 stellt der Oberfinanzpräsident (Devisenstelle) eine interne Liste der 94 vermögenden Hamburger Juden zusammen, die „nicht als unbedingt zuverlässig anzusehen sind". Darunter befindet sich auch die Firma Fairplay mit ihrer Inhaberin Lucy Borchardt.[106]

Von anderer Seite drohen dem Unternehmen Fairplay Ende 1937 erneuter Ärger und unangenehme Auseinandersetzungen, ausgelöst durch einen wirtschaftlichen Konkurrenten, die „Bugsier-, Reederei- und Bergungs-AG". Das Unternehmen Fairplay hatte die Wirtschaftskrise der früheren Zeit erstaunlich gut überstanden, wenn man seine Umsätze betrachtet. Diese, jeweils abgerundet, beliefen sich 1932 auf 619 000 RM, 1933 auf 616 000 RM, 1934 auf 613 000 RM, 1935 auf 900 000 RM und 1936 auf 815 000 RM. Davon sind 1936 etwa 737 000 RM (90 %) Schlepplöhne. Diese Summe verdient Fairplay mit 17 Schleppern, davon zwei Hochseeschlepper, und einem Frachtdampfer; dieser ist zumeist im Mittelmeer auf Fahrt.[107] Grundlage des Umsatzes sind Verträge, die das Unternehmen mit inländischen, aber überwiegend mit ausländischen Reedereien besitzt. Diese Verträge werden zumeist über Agenturen geschlossen. Die wichtigste Agentur ist seit Jahren die „Barnett Brothers Ltd." in London. In den

Zahlen spiegelt sich der 1935 einsetzende wirtschaftliche Aufschwung wider. Für die Schlepperdienste im Hamburger Hafen selbst braucht Fairplay praktisch keine Konkurrenz zu fürchten. Hiervor schützt sie eine Verordnung der Stadt, welche neue Hafenbetriebe ausschließt.[108] Die existierenden Hafenschlepperfirmen haben damit faktisch eine besitzstandswahrende Monopolstellung inne. Eine Erweiterung des Geschäftsbetriebes konnte für Fairplay in der Ausdehnung des Bergungsgeschäfts liegen. Zu diesem Zweck war ein Hochseeschlepper in Cuxhaven stationiert. In der Ausdehnung des Bergungsgeschäftes aber sieht die „Bugsier-, Reederei- und Bergungs-AG" einen Eingriff in ihre Interessen und gibt die informellen Absprachen mit Fairplay auf und bittet zudem die „Reichsverkehrsgruppe – Seeschiffahrt" einzugreifen. Wörtlich heißt es: „Die Art und Weise aber, wie diese nichtarische Firma sich erlaubte, mit uns umzugehen, hat uns veranlasst, das Abkommen [...] wieder aufzugeben".[109] Erfolg bringt dieser denunziatorische Vorstoß nicht – noch hat der Hinweis auf jüdische Besitzverhältnisse keine zwangsläufige Auswirkung.

Die Umwandlung der Reederei in eine Stiftung und die Flucht der Reederin – Ein ganz besonderer Deal (1938)

Es wird Anfang 1938 gewesen sein, als der Hamburger Bankier Max Warburg (1867–1946) Lucy Borchardt den dringenden Rat gibt, zu emigrieren und das Unternehmen Fairplay so schnell wie möglich zu verkaufen. 1938/1939 entsteht in der NSDAP parteiintern und – bedeutsamer – bei Himmler und Göring die Vorstellung eines politischen Gesamtkonzeptes der umfassenden Judenverfolgung. Demzufolge sind Juden nunmehr endgültig aus Deutschland zu vertreiben. Dies soll ein verstärkter psychischer Druck der rechtlichen und sozialen Diskriminierung bewirken. Im Rückblick auf die seit Beginn 1938 getroffenen Maßnahmen kann kein Zweifel bestehen, dass 1938 gegenüber den Juden ein Politikwechsel eintritt. Es wird später nicht zu Unrecht von dem „Schicksalsjahr 1938“ gesprochen.[110] Bedeutsam ist die „Verordnung über die Anmeldung des Vermögens von Juden“ vom 26. April 1938 und die sie begleitende Durchführungsanordnung. Das Vermögen in jüdischer Hand wird für diesen Zeitpunkt auf etwa 7 Mrd. RM geschätzt. Göring, als der Beauftragte für den Vierjahresplan, der die Verordnung erlassen hat, beabsichtigt, demnächst auf jüdische Vermögenswerte zuzugreifen. Am 22. April 1938 ergeht ferner die „Verordnung gegen die Tarnung jüdischer Gewerbebetriebe“. Die Reichstagswahlen am 10. April 1938 und die nachträgliche Volksabstimmung über den „Anschluss“ Österreichs ergeben eine nahezu einhellige Zustimmung der deutschen Bevölkerung. Das NS-Regime kann sich seiner Politik also absolut sicher sein. Mit der dritten Verordnung zum Reichsbürgergesetz vom 14. Juni 1938 werden die jüdischen Wirtschaftsbetriebe gezwungen, sich in ein besonderes, von jedermann einsehbares Verzeichnis einzutragen. Der Rat von Max Warburg war folglich nur allzu berechtigt. Nach dem „Anschluss“ Österreichs wird in diesem neuen Reichsteil in nur wenigen Wochen die totale gesellschaftliche und wirtschaftliche Ausgrenzung der dort lebenden Juden herbeigeführt.[111] Die organisierten Plünderungen kann man nicht anders als eine Jagd auf reiche Beute beschreiben. Es gibt vorbereitete Proskriptionslisten. Das muss für die Juden im „Altreich“ eigentlich als ein Menetekel erscheinen. Bei Lucy Borchardt erscheinen Vertreter des NS-Regimes und erklären ihr, dass es nur noch bis Ende 1938 jüdische Betriebsführer geben dürfe. Ihre Lage ist also sehr ernst. Noch gibt es für eine „Arisierung“ weder ein zentrales Arisierungs- oder Enteignungsgesetz, noch gibt es ein zentrales Genehmigungsverfahren. Das NS-Regime konzentriert sich

im Wesentlichen auf fiskalische, abgabenrechtliche oder monetäre Maßnahmen. Das konkrete Prozedere bleibt zumeist den regionalen Entscheidungsträgern vorbehalten. Insbesondere nimmt das Reichswirtschaftsministerium bis zum Frühsommer 1938 noch eine eher marginale Funktion ein.[112]
Diese administrative Ausgangslage kann Fairplay nutzen. Der Wirtschaftsprüfer Max Frenzel und der leitende Angestellte des Unternehmens, Wilhelm Algermissen, überzeugen im April 1938 Lucy Borchardt davon, dass nunmehr dringend etwas unternommen werden müsse, um die vorhandenen Vermögenswerte beizeiten vor dem zu befürchtenden Zugriff des NS-Regimes zu retten. „Jüdisches Kapital" und „jüdische Leitung" passten einfach nicht in das nationalsozialistische Bild einer „deutschen Reederei". Lucy Borchardt sieht ein, dass es für ein jüdisches Unternehmen in Deutschland keine Zukunft mehr gibt. Kampflos aufzugeben, entspricht aber nicht ihrem Naturell. Am 2. Juni 1938 bietet ihr die traditionsreiche „Koninklijke Nederlandsche Stoomboot Maatschappij" an, die Schlepperei für 2 Millionen Reichsmark zu übernehmen. Die Reederin lehnt ab. Der Verkaufswert ist angemessen, wie eine Wertschätzung ergibt.[113] Man sichert ihr zu, dass sie etwa 10 % des Erlöses ins Ausland transferieren dürfe. Lucy Borchardt beabsichtigt jedoch, einen Teil des Auswanderungsgutes

real in Sachwerten mitzunehmen. Dies wiederum ist sehr praktisch und ökonomisch gedacht, um eine eigene Tätigkeit, auch mit ihrem Sohn Kurt, im Ausland fortsetzen zu können. Zum Auswanderungsgut rechnet die Reederin das Frachtschiff, das ihren Namen trägt sowie drei Schlepper, davon zwei Hochseeschlepper, was einen Buchwert von insgesamt 570 000 RM ergibt. Außerdem sollen die langjährigen Mitarbeiter zukünftig gesichert und versorgt werden und schließlich soll die Auswanderung der im Unternehmen noch beschäftigten Juden gesichert sein. Das sind maximale Forderungen, die kaum zu erfüllen sind. Die maßgebende Gauleitung der NSDAP unter dem Gauwirtschaftsberater Carlo Otte (1906–1980) lehnt die Vorstellungen von Lucy Borchardt entschieden ab.[114] Auch der Gauleiter Karl Kaufmann stellt sich die verlangte „Arisierung" anders vor. Lucy Borchardt gibt trotzdem nicht auf, sondern beauftragt ihren Wirtschaftsprüfer Frenzel und ihren leitenden Angestellten Algermissen, mit dem Reichswirtschaftsministerium direkt zu verhandeln. Das bedeutet einen durchaus riskanten Strategiewechsel, weil er die autonome Kompetenz von Reichsstatthalter und Gauleiter Karl Kaufmann in Frage stellt. Ein konstruktiver Vorschlag, den Sohn Kurt entwickelt, bringt den Durchbruch.[115] Der Vorschlag lautet: Fairplay wird mit allen Aktiva und Passiva in eine

Stiftung bürgerlichen Rechts umgewandelt und Lucy und Kurt Borchardt werden als Eigentümer dadurch entschädigt, dass sie einen Teil des Betriebsvermögens lastenfrei ins Ausland transferieren können. Die Stiftung soll der unmittelbaren Kontrolle von Reichsstatthalter Kaufmann unterstellt sein. Das bedeutet ein befriedigendes Ergebnis.[116] Der Druck, zu einer abschließenden Lösung zu kommen, steigt. Auf der Konferenz von Évian (Frankreich) hatten Vertreter von 32 Staaten und 24 Hilfsorganisationen vom 6. bis 15. Juli 1938 erfolglos über das Problem der ansteigenden Flüchtlingszahlen von deutschen Juden beraten. Das Ergebnis war ein moralisches Desaster. Die Konferenzbeobachterin Golda Meïr, die spätere Premierministerin Israels, sah das Versagen in der Unfähigkeit der Delegierten, die Größe und Dringlichkeit des Problems überhaupt nur zu begreifen.

Ein Kompromiss kommt zustande. Das war und ist auch in der Rückschau erstaunlich. Lucy Borchardt erkennt wohl, dass das Reichswirtschaftsministerium gegenüber ideologischen Einseitigkeiten hinreichend ökonomisch und außenwirtschaftspolitisch dachte. Für diese Einschätzung bot das Ha'avara-Abkommen bereits für sich allein schon begründeten Anlass, denn dieses Abkommen war gegen den erheblichen Widerstand innerhalb des NS-Regimes geschlossen worden.[117] Der Reichswirtschaftsminister stimmt dem „Arisierungsplan“ am 8. August 1938 zu und am 11. August 1938 wird die Stiftungssatzung unterzeichnet.[118] Die „arisierte“ Fairplay-Stiftung bildet eine einzigartige Rechtskonstruktion. Reichsstatthalter Kaufmann bestellt mit dem Hauptsachbearbeiter im Gauwirtschaftsamt, Otto Wolff, und dem Reeder Heinrich Christian Horn zwei persönliche Vertraute in den Stiftungsvorstand. Auch den dreiköpfigen Beirat beruft der Reichsstatthalter auf Vorschlag des Gauwirtschaftsberaters der NSDAP. Als „Betriebsführer“, so die Wortwahl dieser Zeit, wird der „Parteigenosse“ und langjährige Mitarbeiter der Fairplay Reederei, Wilhelm Algermissen, eingesetzt, der im Betrieb vom einfachen Maschinisten zum Inspektor aufgestiegen war. Algermissen erweist sich indes keineswegs als „willfähriger Handlungsgehilfe“. Zugunsten der im Betrieb Tätigen widersetzt er sich mehrfach Versuchen, die Stiftung aufzulösen.[119] Algermissen versteht sich wirklich als Treuhänder der Interessen der Belegschaft. Viermal verhindert er die formale Verstaatlichung des Betriebes zugunsten der Belegschaft, so wird später berichtet. Den ausgehandelten *deal* könnte man für Lucy Borchardt angesichts der im „Dritten Reich“ real existierenden Situation im Sommer 1938 als günstig und in gewissem Sinne auch als „interessengerecht“ ansehen. Aus welchen Gründen sich das Reichswirtschaftsministerium und die

Hamburger Gauleitung überhaupt zu der durchaus ungewöhnlichen Lösung bereiterklären, kann immerhin vermutet werden. Eine formale Rechtsgrundlage für eine Enteignung („Arisierung" im engeren Sinne) besteht im Sommer 1938 nicht. Diese wurde erst im Zusammenhang mit dem Novemberpogrom mit der Verordnung über den Einsatz des jüdischen Vermögens vom 3. Dezember 1938 geschaffen. Der Vorteil der vorgeschlagenen Lösung bestand zum einen darin, dass sie „bargeldlos" ist: Das Deutsche Reich braucht für die beabsichtigte Auswanderung von Lucy Borchardt keine Devisen aufzubringen. Das Unternehmen Fairplay besitzt als ein weltweit tätiger Schleppbetrieb international einen guten Ruf, es verfügt über sehr gute Kontakte und im Sommer 1938 über etwa 400 Rahmenverträge. Eine eher spektakuläre, zwangsweise „Arisierung" konnte diesen Ruf nicht nur schmälern, sondern die bisherigen Deviseneinnahmen genau dann zum Versiegen bringen, wenn ein internationaler Boykott entsteht. So ist zum anderen das Aufrechterhalten einer äußeren Normalität das eigentliche Ziel der NS-Behörden. Dazu bietet sich an, die wahren Machtverhältnisse zu verschleiern. Eine Stiftung ist formal selbst Verwalter, Eigentümer des Betriebsvermögens und Rechtsträger in einer Person. Das Ergebnis bedeutet letztlich eine „freiwillige" Enteignung zugunsten der Hansestadt Hamburg ohne äußeren Kapitaltransfer. Die gewählte Lösung bietet jedenfalls die realistische Chance, den *good will* und das erhebliche internationale Image von Fairplay zumindest einstweilen zu nutzen. Stiftungszweck soll die Förderung der Volkswohlfahrt sein, nämlich „für allgemeine soziale Zwecke". Über die Verwendung der Reinerträge entscheidet der Vorstand unter Anhörung des Beirates unter Zustimmung des Reichsstatthalters.

Vielleicht noch erstaunlicher als die Wahl der Rechtsform einer Stiftung ist, dass die staatlichen und parteiamtlichen Entscheidungsträger bereit sind, Lucy Borchardt mit einem Teil des Anlagevermögens abzufinden. Drei Schiffe kann sie als Auswanderungsgut lastenfrei ins Ausland verbringen, den Schleppdampfer Fairplay X (Wert 80 000 RM), den Schleppdampfer Fairplay XIV (Wert 110 000 RM) und den Frachtdampfer „Lucy Borchardt" (nunmehr Buchwert von 80 000 RM), zuzüglich des Transfers eines angemessenen Umzugsgutes. Gegenüber dem Kaufangebot der „Koninklijke Nederlandsche Stoomboot Maatschappij" war das ein Ergebnis von nur 13,5 %. Das erscheint wenig, aber gegenüber dem geschätzten Wert des Schiffsparks waren dies immerhin etwa knapp 50 %. Der weitere Wert des Unternehmens Fairplay betraf das Anlagevermögen, das ohnedies nicht transferierbar war.[120] Es bleibt historisch letztlich nicht aufklärbar, worin die tatsächlichen Motive des Reichswirtschaftsministeriums und der Hamburger Gauleitung lagen. Für das Reichsministerium mögen es in diesem Zeitpunkt außenwirtschaftspolitische Ziele oder Interessen gewesen sein. Bei der Zustimmung der Gauleitung durch Karl Kaufmann liegen die Dinge anders und klarer. Als Gauleiter, Reichsstatthalter und seit dem 30. Juli 1936 Regierender Bürgermeister, damit „Führer" der Landesregierung und Chef der Hamburger Staats- und Gemeindeverwaltung, konzentriert er in seiner Peron eine beispiellose Machtfülle. Diese nutzt er zur eigenen Bereicherung und zur Schaffung eines einzigartigen Bonzentums, das zugleich einen Teil seines persönlichen Herrschaftssystems darstellt.[121] Mit der von ihm 1937 gegründeten „Hamburger Stiftung von 1937" sammelte er mindestens 8,6 Millionen RM, die aus öffentlichen Mitteln, Spenden der Wirtschaft und Abschöpfungen aus „Arisierungen" stammten. Günstlinge und „verdiente Parteigenossen" bedient Kaufmann mit Barbeträgen, gutbezahlten Scheinämtern, Grundstücken, Häusern und Betrieben jüdischer Voreigentümer.[122] Mit der „Hamburger Stiftung" komplettiert Kaufmann sein auf seine Person bezogenes System der Protektion und der finanziellen Abhängigkeiten. So ist anzunehmen, dass er in der Stiftung Fairplay

eine weitere günstige Gelegenheit zur persönlichen Machterweiterung sieht.
Am 5. September und am 5. November 1938 kündigt die Stiftung als neuer Arbeitgeber die beiden letzten verbliebenen jüdischen Seeleute des Unternehmens. Damit ist das Projekt Seefahrts-Hachschara faktisch beendet. Am 3. November 1938 bestimmt der Reichsverkehrsminister, dass zur Prüfung als Seeschiffer der Nachweis der „Deutschblütigkeit“ erforderlich sei.[123] Ein weiterer Erlass verbietet die Ausstellung von Seefahrtsbüchern für Juden. Sehr viele der in der Seefahrts-Hachschara in Hamburg ausgebildeten jungen Juden erlangen in Palästina eine Beschäftigung bei der von Jens Borchardt geleiteten „Atid“-Reederei oder 1945 bei der von der Jewish Agency, der „Histadrut General Federation of Labour“ und der „Israel Maritime League“ gegründeten „Israel Navigation Company“ (ZIM).[124] Lucy Borchardt hilft auch außerhalb der Seefahrts-Hachschara dort, wo sie helfen konnte. So vermittelt sie einzelne Juden als Koch und Steward an die „Atid Navigation“.[125] Für einige Zeit kursiert in Eretz Israel folgender Satz: „Die jüdische Seefahrt bleibt deutsch.“
Auch die anderen „jüdischen“ Reedereien in Hamburg – dem NS-Regime ein ständiges Ärgernis – finden ihr erzwungenes Ende. Über die von Arnold Bernstein 1919 in Hamburg gegründete Reederei

wurde bereits berichtet, Ende 1938 stellt die „Palestine Shipping Company" ihren Dienst ein. Die Reederei der jüdischen Familie Blumenfeld (Hamburg) muss „arisiert" werden, um Vermögenswerte zumindest teilweise zu retten. Der Geschäftsführer Otto Blumenfeld (1883–1975) emigriert 1939 nach England. Die jüdische Tankschiffsreederei Julius Schindler (Hamburg) wird 1938 beschlagnahmt und „arisiert". Julius Schindler (1878–1941) gehörte seit 1926 der Hochdeutschen Israeliten-Gemeinde Altona als Mitglied an.[126] Im Herbst 1931 wandert Schindler aus, gibt die deutsche Staatsbürgerschaft auf und nimmt 1932 zusammen mit seiner Frau und den beiden Söhnen die liechtensteinische Staatsbürgerschaft an. Bis 1939 lebt er in Frankreich und emigriert dann über Kanada in die Vereinigten Staaten.

Die neue Heimat London – Der Zweite Weltkrieg

Am 10. August 1938 erhält Lucy Borchardt den zustimmenden und abschließenden Bescheid der Hamburger Devisenstelle. Am nächsten Tag fliegt sie morgens um 8 Uhr nach London. Ein Auswanderungsverfahren betreibt sie formal nicht. Ihr Sohn Kurt war wenige Tage zuvor nach Rotterdam gefahren, um von dort nach London weiterzureisen. Die britische Presse berichtet ausführlich über Lucy Borchardts Ankunft. Zwei Berichte sind bekannt, welche die Atmosphäre dieser Ankunft beschreiben. Im Londoner *Daily Express* vom 12. August 1938 heißt es, hier in deutscher Übersetzung:[127]

„Lucy Borchardt, Nichtarierin, deutsche Witwe, kam in London gestern Abend an, um ihr Leben neu zu beginnen, mit 60 Jahren. Sie hat ihren arischen Angestellten all ihre 19 (ausgenommen drei) Schlepper und Dampfschiffe übergeben, die jahrelang in vorteilhafter Weise von Hamburg aus gearbeitet haben. Lucy Borchardt brachte in ihrer Brieftasche ein Dokument, welches ihr die Übergabe dieser drei Schiffe in einem britischen Hafen versprach – und sh. 18 p. 6, das Kapital, mit dem sie jetzt beginnen muss, eine neue Flotte zu gründen. Sie strich über ihre grauen, nach Eton Art gestutzten Haare, als sie ihr Geld auf das Pult vor ihr ausschüttete. ‚Ich bin sehr glücklich', sagte sie. ‚Meine Angestellten und ich sind immer gute Freunde gewesen, es waren 150.' Der Geschäftswert ihrer Flotte war £ 80 000. Jetzt stellt Frau Borchardt bei der Behörde für Handel für die drei Schiffe, die ihr gelassen sind, den Antrag, diese unter der britischen Flagge zu registrieren. ‚Die einzig mir gelassene Wahl war, meine Flotte für den besten

Preis, den sie im Markt erzielen würde, zu verkaufen', sagte sie, ‚aber ich war besorgt um die Zukunft der Leute, die für mich und meinen Gatten den größten Teil ihres Lebens gearbeitet haben. Eine der Konzessionen, die mir gemacht wurden, war, dass keiner meiner langgedienten Angestellten entlassen werden darf. Dafür danke ich den Nazi-Behörden. Alle Betriebsgewinne werden geteilt zwischen den Seeleuten und dem Kontorpersonal gemäß den festgesetzten Löhnen. Jeder Überschuss wird genutzt werden für die Wohlfahrt von Angestellten. Ich erhebe keine Klage irgendwelcher Art gegen die Behörden. Ich hätte die Schiffe verkaufen können und in Hamburg in Zurückgezogenheit mit meinem Sohn leben können. Ich bedauere nicht, was ich getan habe.'"

Das sind klug gewählte Worte. Sie lassen nur erahnen, wie schwer Lucy Borchardt die Aufgabe ihres traditionsreichen Unternehmens gefallen sein muss, doch auch jetzt bleibt sie realistisch und spricht eine wirklichkeitsnahe, pressegerechte Sprache. Jede politisch motivierte Äußerung wird „ihren Leuten" nur schaden. Natürlich bedenkt sie, dass in Hamburg und in der deutschen Botschaft in London jede Äußerung sorgfältig beachtet werden wird. Der Leitungswechsel eines international bekannten Schifffahrtsunternehmens aus den Händen einer jüdischen Frau muss Aufmerksamkeit auf sich ziehen. Zudem sind es Zeiten hoher politischer Anspannung, die Hitler in den zurückliegenden Wochen ausgelöst hat. Die vom nationalsozialistischen Deutschland provozierte sudetendeutsche Krise beherrscht die westeuropäische Außenpolitik wie auch das Agieren von Premier Neville Chamberlain. Die Spannungen finden erst durch das Münchner Abkommen Ende September 1938 ein vorläufiges Ende. Ein Bericht im *North Mail and Newcastle-Chronicle* vom 24. August 1938 zeugt gleichfalls von Lucy Borchardts bewusster politischer Zurückhaltung. Die Mannschaft der transferierten Schiffe hat ganz offensichtlich genaue Sprachregelungen erhalten, wenn es dort als Bericht in deutscher Übersetzung heißt:[128]

„Deutsche mysteriöse Schiffe auf dem Tyne![129] Die Mannschaft wahrt Geheimnisse um einer Frau willen – Die Mannschaften, die sich weigern, Fragen zu beantworten, gehören zu den drei Schiffen, die von Rotterdam kommend auf den Tyne querab von den Jarrow Mercantile Docks-Bojen ankern. Sie sollen unter die britische Flagge kommen. Der Dampfer ‚Lucy Borchardt' und zwei Schlepper, Fairplay X und Fairplay XIV, sind Teile einer Flotte von 17 Schiffen, die Frau Borchardt gehörte, die jetzt in London ist und von der man glaubt, dass sie jetzt darum verhandelt,

entweder den Heimathafen der Schiffe zu verändern oder sie zu verkaufen. Man hatte erfahren, dass Frau Borchardt diese Aktion unternommen hat, weil der Rest ihrer Flotte, bestehend aus Schleppern, von der deutschen Regierung übernommen worden ist.
Als ein Vertreter der North Mail am vergangenen Abend ein Boot nahm, um an die deutschen Schiffe heranzufahren, sagte der Bootsmann: ‚Es scheint etwas Seltsames um diese Schiffe zu sein.' Was der Reporter fand, als er an die Schiffe herankam, war, dass die Offiziere und Mannschaften zwar sehr freundlich waren, aber niemand einen Grund für die Abfahrt ihrer Schiffe aus Deutschland angeben wollte. Einer der Offiziere sagte, gebrochen Englisch sprechend: ‚Die Schiffe sollen in den Mercantile Dry Docks überholt werden, bevor sie von einer englischen Besatzung bemannt werden', und er fügte auf die Frage, ob die anderen Schlepper, die Frau Borchardt gehört hätten, konfisziert worden seien, hinzu, dass er darüber nichts wisse, es sei auch nicht weise, irgendetwas darüber zu sagen, vielleicht später einmal. … Weiter sagte er: ‚Wir wünschen nicht irgendetwas zu sagen, was Frau Borchardt Schaden zufügen könnte.' Dann packten die Leute ihre Koffer."

Beiden Zeitungsberichten ist zu entnehmen, dass das eigentliche „jüdische" Fluchtmotiv unerwähnt bleibt, aber der Hinweis im *Daily Express*, dass Lucy Borchardt eine „Nichtarierin" sei, sagt dem aufmerksamen Leser genug. Großbritannien bildet für deutsche Juden ein bevorzugtes Zielland ihrer Emigration. Es ist davon auszugehen, dass einem Anteil von etwa 10 % die Auswanderung gelang,[130] aus Hamburg kommen sogar knapp 16 %. Auch der Reporter des *North Mail and Newcastle-Chronicle* vermittelt durch seine Fragen unterschwellig die Vorstellung, dass die nur teilweise Überführung der Hamburger Flotte ihren wahren Grund in einer konfiskatorischen Maßnahme der deutschen NS-Behörden haben könnte. Dass die Rederei „jüdisch" ist, wissen alle.

Das NS-Regime hält sich an seine Zusagen zum Auswanderungsgut. Interessant ist, dass die Schiffe von Rotterdam kommen, wie der Bericht im *North Mail and Newcastle-Chronicle* festhält, also nicht direkt aus Hamburg. Da Kurt Borchardt zunächst nach Rotterdam fährt, ergibt dies Sinn. Er soll offenbar abwarten, ob die Zusage einer Überführung eingehalten wird. Die Schlepper Fairplay X und XIV, beides Hochseeschlepper, und der Frachtdampfer „Lucy Borchardt" werden dann vereinbarungsgemäß nach England überführt. Außerdem ist neun jüdischen Mitarbeitern von Fairplay die Ausreise erlaubt worden. Am 30. September 1938 wird die Stiftung in das Register des Amtsgerichtes Hamburg eingetragen.[131] Im Oktober

1938 wird die Reichsfluchtsteuer auf 72 969 RM festgesetzt.[132] Das entspricht einem Viertel des privaten Vermögens von Lucy Borchardt. Die Zahlung war noch am 5. August durch jeweils zwei Pfandbriefe über je 40 000 RM, bezogen auf die im Schiffsregister aufgenommenen Schlepper Fairplay I und Fairplay II, gesichert worden.[133] Mit Bescheid vom 25. November 1940 beschlagnahmt die Gestapo das gesamte noch vorhandene inländische Privatvermögen von Lucy Borchardt, dazu gehört auch das Wohnhaus im Rainweg 9 in Hamburg-Eppendorf. Zudem wird ihr die deutsche Staatsangehörigkeit entzogen. Grundlage war das Gesetz über den Widerruf von Einbürgerungen und die Aberkennung der deutschen Staatsangehörigkeit vom 14. Juli 1933. Die Rechtswirksamkeit der Ausbürgerung tritt mit der Veröffentlichung des betreffenden Namens im *Deutschen Reichsanzeiger* ein. Die Ausbürgerung war Voraussetzung dafür, dass das Privatvermögen an den Staat fällt. Dieses Verfahren wählte das NS-Regime häufig, um sich damit vor allem das von Juden zwangsweise zurückgelassene Vermögen mit scheinbarer Legalität anzueignen. So auch hier. Das Restgeld zog die Hamburger Gestapo als „staatspolizeiliche Sicherstellung“ ein.

Lucy und Kurt Borchardt gründen mit den drei mitgebrachten Schiffen in England eine neue Fairplay-Reederei. In London ändert die Familie zunächst ihren Nachnamen, indem sie den Endbuchstaben „t“ streicht, da es in der englischen Schrift die Namensendung „dt“ nicht gibt. Das neue Unternehmen nennt sich „Fairplay Towage & Shipping Co. Ltd.“. Die beiden Hochseeschlepper fahren jetzt unter britischer Flagge und heißen nun Fairplay one und Fairplay two. Lucy Borchard verkauft den Dampfer mit ihrem Namen noch 1938 an die „Commonwealth Steam Tug Co. Ltd.“. Ein zweites, neu gegründetes Unternehmen, ebenfalls eine Reederei, erhält den Namen „Borchard U.K. Company“. Nach Kriegsausbruch requiriert die britische Marine die beiden Schlepper. Der Schlepper Fairplay one wird 1944 durch einen Minentreffer schwer beschädigt, kann aber weiterhin in Fahrt gehalten werden. 1950 überführt die englische Reederei den Schlepper zurück nach Hamburg. Dort wird das Schiff noch im selben Jahr bis auf die Bais (Rumpf) abgewrackt und als Fairplay I neu aufgebaut. Fairplay two wird als Bergungsboot eingesetzt. 1940 wird der Schlepper „durch Kriegswirkung zum Totalverlust“ und geht vor Yorkshire unter. Von den 16 Hamburger Schleppern requiriert die deutsche Kriegsmarine zehn. Fairplay VII sinkt im Oktober 1940 als Hilfsschiff vor Dünkirchen im Zusammenhang mit dem geplanten Invasionsunternehmen der deutschen Wehrmacht „Seelöwe“.

Die Rückkehr von Kurt Borchard nach Hamburg (1950)

Am 3. Mai 1945 ergibt sich Hamburg kampflos den britischen Truppen.[134] Ganze Stadtteile hat der Bombenkrieg vernichtet.[135] Das Haus der Fairplay in der Straße Vorsetzen wurde 1942 zerstört. Der Hamburger Hafen liegt vollkommen darnieder. Der britische Kriegsberichterstatter Warren Thomas berichtet über das Chaos im Hafen: „Hamburg ist eine tote Stadt", sagt er damals. Schiffswracks und Schutt blockieren den Schiffsverkehr. 312 Schiffe liegen in den Hafenbecken auf Grund. Die deutsche Handelsflotte ist vollständig verloren. Noch vorhandene Restbestände sind von Demontagen bedroht. Zahlen belegen in den ersten Monaten nach Kriegsende die Hoffnungslosigkeit eines Wiederaufbaus. Die Hamburger Reeder verfügten vor Kriegsbeginn über eine Tonnage von 2,33 Millionen BRT, das entsprach etwa 60 % der gesamten deutschen Handelsschiffstonnage.[136] Bei Kriegsende sinkt die noch existierende Tonnage auf 49 000 BRT. Die Werften stehen weitgehend still. Zehntausende Hafenarbeiter sind arbeitslos. Man fragt sich, wie hier überhaupt ein Neuanfang möglich sein konnte.

Am 15. November 1948 verständigen sich der noch amtierende Vorstand der Stiftung und Lucy Borchard über eine Rückerstattung. Die Verhandlungen in Hamburg führt Kurt Borchard, der bereits 1947 in die Hansestadt gekommen war. Die Stiftung überträgt sämtliche Aktiva und Passiva auf eine neu gegründete Gesellschaft zurück, deren Gesellschafter Lucy und Kurt Borchard sind. Die Flotte besteht jetzt aus 18 Schleppern, von denen zwei während des Zweiten Weltkriegs erworben wurden. Drei Schiffe müssen im Rahmen von Reparationsmaßnahmen den Alliierten überlassen werden. Die Senatskanzlei der Hansestadt stimmt nach zweijährigen Verhandlungen 1950 der Rückübertragung zu. Allerdings verweigert die Britische Militärregierung zunächst ihre nach dem Alliierten Kontrollratsgesetz Nr. 52 erforderliche Genehmigung. Das neue Unternehmen erhält den Namen „Fairplay Schleppdampfschiffs-Reederei Richard Borchard GmbH". Kurt Borchard bleibt in Hamburg und führt im rechtlichen Sinne die Geschäfte, tatsächlich liegen diese aber bei Wilhelm Algermissen. Dieser war nach der Rückübertragung – ein Zeichen des Vertrauens der Familie Borchard – wieder in seine frühere Position eingesetzt worden.[137] Die Familie hatte der Britischen Besatzungsmacht bestätigt, dass Algermissen in der NS-Zeit als „Betriebsführer" der Faiplay-Stiftung mit ihr verbunden geblieben war. Zuvor war er 1946 auf Anweisung der britischen Behörden als Mitglied der NSDAP zunächst entlassen worden. Kurt und Ruth Borchard nehmen in den späteren Jahren ihren Wohnsitz in der Schweiz, wo Kurt 1997 und seine Frau Ruth drei Jahre später versterben. Das Unternehmen bleibt weiterhin als GmbH im Familienbesitz ihrer Erben.

Letzte Jahre in London

Lucy Borchard kehrt zeit ihres Lebens nicht mehr für längere Zeit nach Hamburg zurück, sondern bleibt Eigentümerin und Geschäftsführerin der englischen Reederei in London. Sie lebt also für immer in England, das ihr Zuflucht in der NS-Zeit bot und gründet dort 1953 eine weitere Firma, die „Borchard Lines Ltd.". Die „Lucy Borchard Shipping Ltd." wird als Schiffsagent tätig. Nach Kriegsende erfährt Lucy Borchard vom gewaltsamen Tod ihres Sohnes Friedrich, genannt Fritz, der 1939 nach Frankreich emigrierte. Dort verliert sich zunächst jede Spur. Er wird dann aus dem Sammellager Drancy mutmaßlich im Mai 1944 in das Ghetto Kowno (Litauen) deportiert.[138] Dort ist sein weiteres Schicksal unbekannt. Bei der Annäherung der Roten Armee im Juli 1944 löste die SS das Ghetto auf.[139] Die Häftlinge wurden auf andere Konzentrationslager in Deutschland „verlegt" oder sofort erschossen.

Lucy Borchard bei einem sachkundigen Inspektionsrundgang auf der Fairplay I (1951)

Im Mai 1951 kommt die weißhaarig gewordene Lucy Borchard zur Inspektion des neuen Schleppers Fairplay I, bei der Hamburger Werft Theodor Buschmann gebaut, nach Hamburg. Die Hamburger Seeleute freuten sich schon, wenn ihr Boss zur Probefahrt nach Hamburg kommt, weiß das *Hamburger Abendblatt* zu berichten.[140] Am 10. Dezember 1952 feiert man im Familienkreis in London ihren 75. Geburtstag. Der Hamburger Bürgermeister Max Brauer (1887–1973) gratuliert. „Fels in stürmischer See: Lucy Borchard wurde 75 / Brauer telegraphiert Glückwünsche", berichtet das *Hamburger Abendblatt* am 11. Dezember 1952. Glückwünsche aus Tel Aviv sind an die „Mutter der jüdischen Seefahrt" adressiert. Im *Hamburger Echo* erscheint eine warmherzige Würdigung von Olga Essig (1884–1965), Oberschulrätin für die Berufsschulbehörde und Mitbegründerin des Hamburger Frauenrings. Zum 75. Geburtstag erscheint auch im *The Londoner's Diary* ein Artikel, „Woman, 75, Heads City Firm. She is shipping boss", mit der einzigen öffentlich bekannt gewordenen Nachricht zum Schicksal ihres Sohnes Friedrich: „One son fled to France before the war, was recaptured by the Nazis, and taken to East Germany. He has been ‚missing' ever since."[141] Über Lucy Borchards Motive, Hamburg – außer für wenige geschäftliche Besuche – gleichsam zu meiden, ist nach außen hin nichts

Lucy Borchard im Hamburger Hafen – im Hintergrund ein Fairplay-Schlepper (1951)

bekannt geworden. In der von ihm gestalteten „Jubiläumsschrift“ zum 75-jährigen Bestehen der Fairplay Reederei 1980 erwähnt Kurt Borchard diese Frage nicht.

Lucy Borchard stirbt mit 91 Jahren am 4. Februar 1969 in London. Der Zweite Hamburger Bürgermeister Wilhelm Drexelius (1906–1974) kondoliert der Familie Borchard. Man hätte vielleicht auch an ein Handschreiben des aus der Emigration nach Hamburg zurückgekehrten Ersten Bürgermeisters Herbert Weichmann (1896–1983) denken können. Denn die Reederin war ein bedeutender Teil der Hamburger Hafen- und Seefahrtsgeschichte geworden. Und so erinnert seit 2013 eine Straße im neu eingerichteten Elbbrückenquartier der Hafencity an Lucy Borchard. Im Jahr 2009 übernimmt die „Stiftung Hamburg Maritim" den Schlepper Fairplay VIII als Museumsschiff in den Traditionsschiffhafen am Sandtorkai. Die Fairplay Reederei (Fairplay Towage Group) ist bis heute im Familienbesitz verblieben, nunmehr in der vierten Generation. Sie ist eine der führenden europäischen Schleppreedereien. Die Niederlassungsfreiheit innerhalb der Europäischen Union begünstigte das Unternehmen in seiner weiteren Entwicklung. Heute ist die Hamburger „Fairplay Schleppdampfschiffs-Reederei Richard Borchard GmbH" Konzernmutter zahlreicher Töchter und zugleich höchste Konsolidierungsebene.

Anmerkungen

1 Fotoessay in: Aus alter und neuer Zeit. Bildbeilage des Israelitischen Familienblattes 8 (1935), S. 7.

2 Till van Raden, Juden und andere Breslauer. Die Beziehungen zwischen Juden, Protestanten und Katholiken in einer deutschen Großstadt von 1860 bis 1925, Göttingen 2000.

3 Avraham Barkai, Hoffnung und Untergang. Studien zur deutsch-jüdischen Geschichte des 19. Und 20. Jahrhunderts, Hamburg 1998, S. 39–42.

4 Eine Hamburger Mitgliederliste der Alliance Israélite Universelle von 1873 verzeichnet einen „Dr. S. May", ob es sich dabei tatsächlich um besagten Dr. Siegmund May handelt, konnte nicht ausreichend geklärt werden.

5 § 1 des Gesetzes, betreffend die Verhältnisse der hiesigen israelitischen Gemeinden vom 7.11.1864, abgedruckt bei Ina Lorenz, Die Juden in Hamburg zur Zeit der Weimarer Republik. Eine Dokumentation, Bd. 1, Hamburg 1987, S. 76.

6 Andreas Brämer, Judentum und religiöse Reform. Der Hamburger Israelitische Tempel 1817–1938, Hamburg 2000; ders., Jüdische Reform und die Erfindung religiöser Traditionen, Hamburg 2000, zum Tempelverband; ferner Ina Lorenz, Die Juden in Hamburg zur Zeit der Weimarer Republik, Bd. 1, Hamburg 1987, S. 650 ff.

7 Von dem ehemaligen dreischiffigen Gotteshaus sind heute noch die Reste der westlichen Vorhalle und das östliche Apsisgebäude als unverbundene Kriegsruinen erhalten, das Hauptschiff wurde 1944 durch einen Bombentreffer zerstört. Die Hansestadt hat 2020 denkmalgeschützte Reste des ehemaligen Neuen Israelitischen Tempels in der Hamburger Neustadt erworben.

8 Vermerk auf der Karteikarte der DIG von Lucy Borchardt, in:

Staatsarchiv der Freien und Hansestadt Hamburg (StAHH), 552–1 Jüdische Gemeinden 992b Kultussteuerkartei.

9 Gesetz betreffend das Unterrichtswesen vom 11.11.1870; ferner Reiner Lehberger/Hans-Peter de Lorent, Schulen in Hamburg – Ein Führer durch Aufbau und Geschichte des Hamburger Schulwesens, Hamburg 2012; Reiner Lehberger, Schulen in Hamburg während des Kaiserreichs, in: Inge Stephan/Hans-Gerd Winter (Hrsg.), „Heil über dir, Hammonia". Hamburg im 19. Jahrhundert – Kultur, Geschichte, Politik, Hamburg 1992, S. 417–446, hier S. 417.

10 Ursula Randt, Die Talmud-Tora-Schule in Hamburg. 1805 bis 1942, Hamburg 2005; Reiner Lehberger/Hans-Peter de Lorent: Schulen in Hamburg, S. 103 f.

11 Joist Grolle, 100 Jahre Wilhelm-Gymnasium. Ansprache von Senator Grolle zum hundertjährigen Bestehen des Wilhelm-Gymnasiums. Staatliche Pressestelle Hamburg, Hamburg 1981.

12 Anna von Villiez, Mit aller Kraft verdrängt. Entrechtung und Verfolgung „nicht arischer" Ärzte in Hamburg 1933 bis 1945, München – Hamburg 2009, S. 351.

13 Lieselotte Hess, verstorben 1944 in Spanien; verheiratet mit Ludwig Hess (näheres nicht bekannt); Annelise Gillan, verstorben am 20.8.2008 in Calgary, AB, Canada, verheiratet mit Grayham Gillan (verst. 1998 in Yellowknife, NT, Canada).

14 Rebecca Schwoch, Jüdische Ärzte als Krankenbehandler in Berlin zwischen 1938 und 1945, Frankfurt am Main 2018.

15 Anna von Villiez, Mit aller Kraft verdrängt, S. 351.

16 Heiko Morisse, Ausgrenzung und Verfolgung der Hamburger jüdischen Juristen im Nationalsozialismus, Bd. 2: Beamtete Juristen, 2013, S. 158 f.

17 Ina Lorenz, „Ahasver geht nach Eppendorf" – Zur Stadtteilkonzentration der Hamburger Juden im 19. und 20. Jahrhundert, in:

Informationen zur Stadtgeschichte (IMS), 1987, Heft 1, S. 23–28.

18 Marion A. Kaplan, Jüdisches Bürgertum. Frau, Familie und Identität im Kaiserreich, 1. Aufl. 1997, S. 42 ff., 93 ff.

19 Ina Lorenz, Herbert Pardo, Ein Hamburger Sefarde – Jurist – SPD-Parlamentarier und Zionist, Leipzig 2021.

20 Richard J. Evans, Tod in Hamburg. Stadt, Gesellschaft und Politik in den Cholera-Jahren 1830–1910, Reinbek bei Hamburg 1990.

21 Dieter Maas, Der Ausbau der Hamburger Hafens 1840 bis 1910. Entscheidung und Verwirklichung, Hamburg 1990; Arnold Kludas/Dieter Maas/Susanne Sabisch, Hafen Hamburg. Die Geschichte des Hamburger Freihafens von den Anfängen bis zur Gegenwart, Hamburg 1988, S. 20–34 zur Schlepp-Reederei.

22 Zur Frühgeschichte Jan Heitmann, Fairplay Schleppdampfschiffsreederei Richard Borchard – Schiffsassistenz und Schleppschifffahrt im Wandel der Zeit, Hamburg 2005; Hans J. Witthöft, Fairplay. Dafür steht der Name, Chronik einer deutschen Schleppreederei, Hamburg 2008; Konrad Algermissen, Schlepper im Hamburger Hafen. Die Seeschiffsassistenz, Norderstedt 2014, S. 8–67.

23 Siehe dazu beispielhaft die Umschreibungsakten der Schiffe, StAHH, 231–5–4817 Mabel Violet ex Fairplay XVI, Schraubendampfer 1896–1957, Brief der Fairplay Schlepp-Dampfschiffs-Reederei Richard Borchardt an das Schiffsregisteramt/Schiffsregisterbehörde, Hamburg 10.4.1930, S. 1 (44).

24 Hans Jürgen Witthöft, Fairplay – dafür steht der Name, S. 26.

25 Pseudonym Gustav Hester, Als Mariner im Krieg, Berlin 1928.

26 Volker Ulrich, Weltkrieg und Novemberrevolution. Die Hamburger Arbeiterbewegung 1914 bis 1918, in: Heinrich Erdmann (Hrsg.), Hamburg im Ersten Viertel des 20. Jahrhunderts, Hamburg 2000, S. 97 ff.

27 Rückwirkungen des Krieges auf Hamburg vgl. Ursula Büttner, Der Stadtstaat als demokratische Republik, in: Werner Jochmann (Hrsg.), Hamburg. Geschichte der Stadt und ihrer Bewohner, Bd. 2, Hamburg 1986, S. 131–264, hier S. 163–182.

28 Leo Lippmann, Mein Leben und meine amtliche Tätigkeit. Erinnerungen und ein Beitrag zur Finanzgeschichte Hamburgs. Aus dem Nachlaß, hrsg. von Werner Jochmann, Hamburg 1964, S. 222 ff.

29 Ursula Büttner, Politische Gerechtigkeit und sozialer Geist. Hamburg zur Zeit der Weimarer Republik, Hamburg 1985, S. 122 f.

30 Ursula Büttner, Politische Gerechtigkeit und sozialer Geist, S. 139 ff., S. 171 ff.

31 Ursula Büttner, Politische Gerechtigkeit und sozialer Geist, S. 232 ff.

32 Ursula Büttner/Werner Jochmann. Hamburg auf dem Weg ins Dritte Reich. Entwicklungsjahre 1931–1933, Hamburg 1983, S. 39–73; dies., Hamburg in der Staats- und Wirtschaftskrise 1928–1931, Hamburg 1982.

33 Thomas Krause, Hamburg wird braun. Der Aufstieg der NSDAP 1921–1933, Hamburg 1987; Werner Jochmann, Nationalsozialismus und Revolution – Ursprung und Geschichte der NSDAP in Hamburg 1922–1933, Frankfurt am Main 1963; Beate Meyer, „Goldfasane“ und „Nazissen“. Die NSDAP im ehemals „roten“ Stadtteil Hamburg-Eimsbüttel, 2. Aufl., Hamburg 2002.

34 Ursula Büttner, Politische Gerechtigkeit und sozialer Geist, S. 233 ff., hier S. 241.

35 Jan Heitmann, Fairplay Schleppdampfschiffsreederei Richard Borchard, S. 31.

36 Hans Jürgen Witthöft, Fairplay – dafür steht der Name, S. 38; ähnlich Jan Heitmann, Fairplay Schleppdampfschiffsreederei Richard Borchard, S. 34.

37 Jan Heitmann, Fairplay Schleppdampfschiffsreederei Richard Borchard, S. 32.

38 Reinhard H. Schnake, Geschichte der Schleppschiffahrt, Bd. 2, Bugsier- Reederei und Bergungs-Gesellschaft m.b.H., Herford 1992.

39 Jan Heitmann, Fairplay Schleppdampfschiffsreederei Richard Borchard – Schiffsassistenz und Schleppschifffahrt im Wandel der Zeit, Hamburg 2005, S. 32.

40 Ina Lorenz/Jörg Berkemann, Die Hamburger Juden im NS-Staat 1933 bis 1938/39, Bd. II, Göttingen 2016, S. 745 f.; Traute Hoffmann, Der erste deutsche ZONTA-Club. Auf den Spuren außergewöhnlicher Frauen, Hamburg 2000.

41 Maria Magdalene Schoch war die erste Frau in Deutschland, die in den Rechtswissenschaften habilitierte (Hamburg 1932). 1937 emigrierte sie aus politischen Gründen in die USA, um dort ihre Arbeit fortzusetzen. Sie war die hochqualifizierte Assistentin von Albrecht Mendelssohn Bartholdy, der wegen seiner jüdischen Herkunft im September 1933 in den Ruhestand versetzt wurde. Schoch gehörte neben Mendelssohn Bartholdy, Kurt Sieveking, Erich M. Warburg und Otto Laeisz dem ersten geschäftsführenden Vorstand der „Gesellschaft der Freunde der Vereinigten Staaten“ (1929) an. Traute Hoffmann, Dr. jur. Magdalene Schoch, in: Der erste deutsche ZONTA-Club. Auf den Spuren außergewöhnlicher Frauen, 2. Aufl., München/Hamburg 2006.

42 Avraham Barkai, Vom Boykott zur „Entjudung“. Der wirtschaftliche Existenzkampf der Juden im Dritten Reich 1933–1943, Frankfurt am Main 1988.

43 Henning Timpke (Hrsg.), Dokumente zur Gleichschaltung des Landes Hamburg 1933, Frankfurt am Main 1964, Nachdruck 1983.

44 Ina Lorenz/Jörg Berkemann, Die Hamburger Juden im NS-Staat

1933 bis 1938/39, Bd. II, S. 1002 ff.; Juliane Wetzel, Auswanderung aus Deutschland, in: Wolfgang Benz (Hrsg.), Die Juden in Deutschland 1933–1945. Leben unter nationalsozialistischer Herrschaft, 4. Aufl., München 1996, S. 412–498, hier S. 417.

45 Zusammenfassend Frank Bajohr, Von der Ausgrenzung zum Massenmord. Die Verfolgung der Hamburger Juden 1933–1945, in: Forschungsstelle für Zeitgeschichte Hamburg (Hrsg.), Hamburg im „Dritten Reich", Göttingen 2005, S. 471–518.

46 … Heiko Morisse, Ausgrenzung und Verfolgung der Hamburger jüdischen Juristen, Bd. 1, S. 128.

47 Hans J. Robinsohn, Ein Versuch sich zu behaupten, in: Tradition. Zeitschrift für Firmengeschichte und Unternehmerbiographie, 1958, S. 197–206. Der Widerstandskämpfer Hans Robinsohn (1897–April 1981) war der Sohn von Max Robinsohn, siehe dazu Wolfgang Benz, Deutsche Juden im 20. Jahrhundert. Eine Geschichte in Porträts, München 2011, darin: Politisches Engagement und Widerstand: Hans Robinsohn, S. 25–35.

48 Alice Borchardt stirbt am 3. Juni 2006 in Kfar Sava (Israel), gelegen in der südlichen Scharonebene.

49 Das Unternehmen „Barnett Brothers" ist jüdisch, geleitet von Abraham Barnett (London).

50 Gesellschafter sind Jens Borchardt, zu diesem Zeitpunkt seine Ehefrau Alice Borchardt und Barnett Brothers. Daneben gibt es noch eine Gesellschaft „van Ommeren & Borchardt" (Haifa).

51 Anonymus: „Neueste Wirtschaftsnachrichten", in: Der Israelit (29, 77. Jg.) 16.7.1936, S. 7; dazu auch Anonymus: „Neueste Wirtschaftsnachrichten aus Eretz Israel", in: Der Israelit (30, 77. Jg.) 23.7.1936, S. 8.

52 Ludwig Pinner, Die Bedeutung der Einwanderung aus Deutschland für das jüdische Palästina, in: Werner Feilchenfeld/Dolf Michaelis/ders., Haavara-Transfer nach Palästina und Einwanderung

deutscher Juden 1933–1939, Tübingen 1972, S. 89–112, hier S. 109.

53 Daniela Ran, The Contribution of Jewish-German Immigrants to Maritime Development in Israel, in: Nadav Kashtan, (Hrsg.), Seafaring and the Jews, London/Portland, Or. 2001, S. 94–101, hier S. 96 f., dazu auch Ina Lorenz, Seefahrts-Hachschara in Hamburg, S. 462.

54 Ina Lorenz/Jörg Berkemann, Die Hamburger Juden im NS-Staat 1933 bis 1938/39, Bd. II, S. 991 ff.

55 Klaus Polkehn, Der Zionismus im Komplott mit dem Nationalsozialismus. Klartexte 9, Freiburg 1987, auch Alexander Schölch, Das Dritte Reich, die zionistische Bewegung und der Palästina-Konflikt, in: Vierteljahreshefte für Zeitgeschichte, 30 (1982), S. 646–674.

56 Ina Lorenz/Jörg Berkemann, Die Hamburger Juden im NS-Staat 1933 bis 1938/39, Bd. II, S. 1023.

57 Werner Feilchenfeld, Die Durchführung des Haavara-Transfers, in: ders./Dolf Michaelis/Ludwig Pinner, Haavara-Transfer nach Palästina und Einwanderung deutscher Juden 1933–1939, Tübingen 1972, S. 37–88, hier S. 77.

58 Arnold Bernstein, Ein jüdischer Reeder. Von Breslau über Hamburg nach New York, Hamburg und Bremerhaven 2001; Björn Siegel, „20 Jahre hat es mich gekostet, Hitler zu besiegen." Der Hamburger Reeder Arnold Bernstein in den USA, in: Hamburger Schlüsseldokumente zur deutsch-jüdischen Geschichte, 5.6.2018. <https://dx.doi.org/10.23691/jgo:article-242.de.v1>

59 Als 75-Jähriger schrieb Bernstein (1963) in seiner Autobiografie: „Ich war kein religiöser Mensch, und seit meiner Kindheit hatte ich jeden Kontakt zum jüdischen Glauben verloren", in: Ein jüdischer Reeder. Von Breslau über Hamburg nach New York, S. 247.

60 Albert Bernstein, Ein jüdischer Reeder. Von Breslau über

Hamburg nach New York, S. 247–251.

61 Harald Sommerfeld, Jüdisches Schiff fährt ab, in: Jüdische Rundschau (12) vom 8.2.1935; ohne Verfasser, Die Woche Hamburg, in: Der Israelit (6) vom 7.2.1935, S. 9; ohne Verfasser, Neuer Dampfer, in: Palästina (2) vom Febr. 1935, S. 98, ohne Verfasser, Ankunft der Dampfer „Tel Aviv“, in: Palästina Nachrichten (4) vom 7.3.1935, S. 5.

62 Björn Siegel, „Die Jungfernfahrt der Tel Aviv nach Palästina im Jahr 1935. Eine besinnliche Fahrt ins Land der Juden?“, in: Miriam Gillis-Carlebach/Barbara Vogel, (Hrsg.), Ihre Wege sind liebliche Wege und all ihre Pfade Frieden (Sprüche 3,17). Die Neunte Joseph Carlebach-Konferenz. Wege Joseph Carlebachs. Universale Bildung, gelebtes Judentum, Opfergang, München/Hamburg 2014, S. 106–125.

63 Reinhardt Schmelzkopf, Die deutsche Handelsschifffahrt 1919–1939, Bd. 2, Oldenburg 1974, S. 182.

64 Arnold Bernstein, Ein jüdischer Reeder. Von Breslau über Hamburg nach New York, dt. hrsg. vom Deutschen Schifffahrtsmuseum, Hamburg 2001, S. 251. Wörtlich heißt es dort: „Bei aller Sympathie für ihren Kampf und ihre Leistungen, ihr Denken und Handeln waren nicht meine Art. Ich wußte auch, dass sie tolerant war gegen Nichtjuden, es jedoch einem geborenen Juden nie verzieh, wenn er nicht die jüdischen Riten beachtete und kein glühender Zionist war. Und ich – um es ganz klar zu sagen – mochte sie und ihre Art nicht.“

65 Björn Siegel, Zwei Visionäre der zionistischen Eroberung der Meere. Arnold Bernsteins und Lucy Borchardts Auseinandersetzungen mit dem Zionismus, in: Lisa Sophie Gebhard/David Hermann (Hrsg.), Deutschsprachiger Zionismus. Berlin 2019, S. 237–255, hier S. 246 f., ders., Envisioning a Maritime Jewish Place. Arnold Bernstein and the Emergence of a Jewish Shipping

Industry in the Interwar Years, in: Studies in Contemporary Jewry 30 (2018), S. 178–189.

66 Ohne Verfasser, Neueste Nachrichten, in: Der Israelit 29 (1936) v. 16.7.1936, S. 7.

67 The Palestine Post, Jerusalem, v. 17.7.1936, S. 12.

68 Daniela Ran, The Contribution of Jewish-German Immigrants to Maritime Development in Israel, in: Nadav Kashtan (Hrsg.), Seafaring and the Jews, London/Portland (Or.) 2001, S. 94–101; Jan Heitmann, Fairplay Schleppdampfschiffsreederei Richard Borchard – Schiffsassistenz und Schleppschifffahrt im Wandel der Zeit, Hamburg 2005, S. 140–142.

69 Ina Lorenz/Jörg Berkemann, Die Hamburger Juden im NS-Staat 1933 bis 1938/39, Bd. II, S. 1059.

70 Ina Lorenz/Jörg Berkemann, Die Hamburger Juden im NS-Staat 1933 bis 1938/39, Bd. II, S. 1065.

71 Zur Hachschara für die Hamburger Jugend vgl. Ina Lorenz/Jörg Berkemann, Die Hamburger Juden im NS-Staat 1933 bis 1938/39, Bd. II, S. 755–761; S. Adler-Rudel, Jüdische Selbsthilfe unter dem Nazi-Regime 1933–1939, Tübingen 1974, S. 83 f.

72 Werner T. Angress, Generation zwischen Furcht und Hoffnung. Jüdische Jugend im Dritten Reich, Hamburg 1985, S. 30 f.

73 Zentralausschuss der deutschen Juden für Hilfe und Aufbau bei der Reichsvertretung der Juden in Deutschland, Arbeitsbericht 1938, S. 49, abgedruckt bei Clemens Vollnhals, Jüdische Selbsthilfe bis 1938, in: Wolfgang Benz (Hrsg.), Die Juden in Deutschland 1933–1945. Leben unter nationalsozialistischer Herrschaft, 4. Aufl., München 1996, S. 314–411, hier S. 327 mit Anm. 21.

74 Clemens Vollnhals, Jüdische Selbsthilfe bis 1938, in: Wolfgang Benz (Hrsg.), Die Juden in Deutschland 1933–1945, S. 314–411, hier S. 380.

75 Walter (Zeev) Laqueur, Heimkehr. Reisen in die Vergangenheit,

Berlin 1964, S. 53, 58 f.; ders., Geboren in Deutschland. Der Exodus der jüdischen Jugend nach 1933, Berlin 2000.

76 Jehuda Reinharz, Die Ansiedlung deutscher Juden im Palästina der 1930er Jahre, in: Menora. Jahrbuch für deutsch-jüdische Geschichte, München 1991, S. 163–184, hier S. 165.

77 Die nachfolgende Darstellung folgt Ina Lorenz, Seefahrts-Hachschara in Hamburg (1935–1938). Lucy Borchardt. „die einzige jüdische Reederin der Welt", in: Hans Wilhelm Eckardt (Hrsg.), Bewahren und Berichten. Festschrift für Hans-Dieter Loose zum 60. Geburtstag, Zeitschrift des Vereins für Hamburgische Geschichte 83, Hamburg 1997, S. 445–472.

78 Jehuda Barlev, Hechaluz. Deutscher Landesverband. Ein Bericht über seine Arbeit in den Jahren 1933 bis 1938, Typoscript, Februar 1979; Carsten Teichert, Chasak! Zionismus im nationalsozialistischen Deutschland. 1933–1938 (Diss. Uni Köln 1997), Köln 2000.

79 Vgl. auch die von Kurt Borchard verfasste Jubiläumsschrift „Fairplay Schleppdampfschiffs-Reederei Richard Borchard GmbH 1905–1980", Hamburg 1980.

80 Ina Lorenz, Seefahrts-Hachschara in Hamburg, S. 451.

81 Mitteilung im Israelitischen Familienblatt vom 30.7.1936.

82 Jan Heitmann, Fairplay Schleppdampfschiffsreederei Richard Borchard, S. 34.

83 Frank Bajohr, Die Zustimmungsdikatur. Grundzüge nationalsozialistischer Herrschaft in Hamburg, in: Forschungsstelle für Zeitgeschichte Hamburg (Hrsg.), Hamburg im „Dritten Reich", Göttingen 2005, S. 69–121.

84 Perez Leshem, Straße zur Rettung 1933–1939. Aus Deutschland vertrieben, bereitet sich die jüdische Jugend auf Palästina vor, Tel Aviv 1973.

85 Wiener Holocaust Library, Lucy Borchard, Testimony, December

1954, Doc. P.II.a No 450.

86 Rudolf Birnbach, „Mutter Borchardt“ – eine jüdische Reederin, in: Aus alter und neuer Zeit. Bildbeilage des Israelitischen Familienblattes 8 (1935), S. 7; Jan Heitmann, Fairplay Schleppdampfschiffsreederei Richard Borchard – Schiffsassistenz und Schleppschifffahrt im Wandel der Zeit, Hamburg 2005, S. 31.

87 Wolf Gruner (Hrsg.), Verfolgung und Ermordung der europäischen Juden durch das nationalsozialistische Deutschland 1933–1945, Bd. 1 Deutsches Reich 1933–1937, München 2008, S. 432–434, hier S. 434.

88 Naftali Unger, Margot, Jerusalem 1974 (hebr.), S. 59 ff.; Jan Heitmann, Fairplay Schleppdampfschiffsreederei Richard Borchard – Schiffsassistenz und Schleppschifffahrt im Wandel der Zeit, Hamburg 2005, S. 36, geht von „etwa 50“ aus.

89 Rebekka Großmann, „Mutter Borchardt“ – eine jüdische Reederin, in: Hamburger Schlüsseldokumente zur deutsch-jüdischen Geschichte, 9.1.2018. <https://dx.doi.org/10.23691/jgo:article-168.de.v1> [20.2.2021].

90 Anonymus: „Die bekannte Reederin Lucy Borchardt“, in: C.V.-Zeitung (50, 16 Jg.) vom 16.12.1937, S. 15.

91 Bericht im Gemeindeblatt der Deutsch-Israelitischen Gemeinde zu Hamburg vom 11. März 1938, Nr. 3 (März), S. 3.

92 StAHH, 373–5 Seeamt B 9012, Verhandlungen vor dem Seeamt Hamburg vom 22. März 1938, S. 17.

93 Michael Wildt (Hrsg.), Die Judenpolitik des SD 1935–1938. Eine Dokumentation, München 1995.

94 Frank Bajohr, Gauleiter in Hamburg. Zur Person und Tätigkeit Karl Kaufmanns (1900–1969), in: Vierteljahreshefte für Zeitgeschichte, 43 (1995), H. 2, S. 267–295; ders. Parvenüs und Profiteure. Korruption in der NS-Zeit., Frankfurt am Main 2001, S. 43 f., 145 f., 201.

95 Frank Bajohr, Die Zustimmungsdiktatur. Grundzüge nationalsozialistischer Herrschaft in Hamburg, S. 69–121; Uwe Lohalm, Hamburgs nationalsozialistische Diktatur. Verfassung und Verwaltung 1933 bis 1945, Hamburg 1997.

96 Ralf Banken, Das nationalsozialistische Devisenrecht als Steuerungs- und Diskriminierungsinstrument 1933–1945, in: Johannes Bär/Ralf Banken, Wirtschaftssteuerung durch Recht im Nationalsozialismus, Frankfurt am Main 2006, S. 179 und 199 f.

97 Arnold Bernstein, Ein jüdischer Reeder. Von Breslau über Hamburg nach New York, S. 257–330.

98 Christoph Franke, Die Rolle der Devisenstellen bei der Enteignung der Juden, in: Katharina Stengel (Hrsg.), Die staatliche Enteignung der Juden im Nationalsozialismus, Frankfurt am Main 2007, S. 80–92; Frank Bajohr, „Arisierung“ in Hamburg, Hamburg 1997, S. 259–264.

99 Ina Lorenz/Jörg Berkemann, Die Hamburger Juden im NS-Staat 1933 bis 1938/39, Bd. VI, S. 9.

100 Ina Lorenz/Jörg Berkemann, Die Hamburger Juden im NS-Staat 1933 bis 1938/39, Bd. VI, S. 11.

101 Bericht des Landesfinanzamtes Hamburg – Devisenstelle – Abt. E/Bu 7/6229/37, in: StAHH 314–15 Oberfinanzpräsident R 1937/234 vom 2.7.1937. Der DNB-Leiter in Jerusalem, Dr. Franz Reichert, unterhielt beste Beziehungen zum Mufti von Jerusalem, Amin el-Husseini (1895–1974).

102 Ina Lorenz/Jörg Berkemann, Die Hamburger Juden im NS-Staat 1933 bis 1938/39, Bd. VI, S. 12 f.

103 StAHH, 314–15 Oberfinanzpräsident, R 1937/234, Reichsstelle für Devisenbewirtschaftung Berlin an Hamburger Devisenstelle, 15.6.1937.

104 Als „Verdachtsgründe“ galten: Antrag auf Erteilung eines Reisepasses, Auflösung des Geschäfts oder der Wohnung, Verkauf von

Grundstücken und Beteiligungen.

105 Ina Lorenz/Jörg Berkemann, Die Hamburger Juden im NS-Staat 1933 bis 1938/39, Bd. VI, S. 19.

106 Ina Lorenz/Jörg Berkemann, Die Hamburger Juden im NS-Staat 1933 bis 1938/39, Bd. VI, S. 489, 494.

107 Bericht des Landesfinanzamtes Hamburg – Devisenstelle – Abt. E/Bu 7/6229/37, in: StAHH, 314–15 Oberfinanzpräsident R 1937/234.

108 Verordnung über Zulassungsbeschränkungen in der Hamburger Hafenschifffahrt vom 11.10.1936 (HGVBl. Nr. 53).

109 Schreiben vom 20.12.1937, in: StAHH, 371–8 Deputation für Handel, Schifffahrt und Gewerbe II – Spezialakten – XXI A 15a Nr. 35, Bl. 14.

110 So Avraham Barkai, „Schicksalsjahr 1938". Kontinuität und Verschärfung der wirtschaftlichen Ausplünderung der Juden, in: Ursula Büttner (Hrsg.), Das Unrechtsregime. Verfolgung/Exil/Belasteter Neubeginn, Hamburg 1986, S. 41–69; so auch Ina Lorenz/Jörg Berkemann, Die Hamburger Juden im NS-Staat 1933 bis 1938/39, Bd. II, S. 1083 ff.

111 Doron Rabinovici, Instanzen der Ohnmacht, Wien 1938–1945. Der Weg zum Judenrat, Frankfurt am Main 2000, S. 50–68.

112 Frank Bajohr, „Arisierung" und Rückerstattung. Eine Einschätzung, in: Constantin Goschler/Jürgen Lillteicher, „Arisierung" und Restitution. Die Rückerstattung jüdischen Eigentums in Deutschland und Österreich nach 1945 und 1989, Göttingen 2002, S. 39–59.

113 StAHH, 314–15 Oberfinanzpräsident (Devisen- und Vermögensverwertungsstelle), F 189 Bd. 1, Lucy Borchardt 1938–1939, dort Schreiben von Ernst Richter i. Fa. Aug. Bolten (Schiffsmakler – Reederei – Spedition) vom 9.7.1938.

114 In wesentlichen „Arisierungsverfahren" war Ottes langjähriger

Mitarbeiter im Gauwirtschaftsamt, Otto Wolff (1907–1991), federführend. Wolff war Leiter des Führungsstabs Wirtschaft im Wehrkreis X und Vorstandsmitglied der HAPAG. Es ist anzunehmen, dass die faktische Entscheidungsmacht bei ihm lag. Wolff war auch maßgebend für die „Arisierung" der Privatbank M. M. Warburg & Co und der Köhlbrandwerft. Der Hamburger Justizsenator Hans-Harder Biermann-Ratjen (1901–1969) bezeichnete Wolff als einen „der schlimmsten und brutalsten Schergen des absoluten Antisemitismus in der Wirtschaft", so Frank Bajohr, „Arisierung" in Hamburg, S. 177.

115 Vgl. den Bericht von Kurt Borchard, in der Jubiläumsschrift Fairplay Schleppdampfschiffs-Reederei Richard Borchard GmbH 1905–1980, Hamburg 1980 (ohne Seitenzählung).

116 Zum „Arisierungsvorgang" der Fairplay Reederei vgl. Ina Lorenz/Jörg Berkemann, Die Hamburger Juden im NS-Staat 1933 bis 1938/39, Bd. VI, S. 111–119 („Arisierungsplan").

117 Alexander Schölch, Das Dritte Reich, die zionistische Bewegung und der Palästina-Konflikt, in: Vierteljahreshefte für Zeitgeschichte, 30 (1982), S. 646–674, hier S. 659; Friedrich Karl Neubert, Die deutsche Politik im Palästina-Konflikt 1937/38, Bonn 1977 (Diss.).

118 Vgl. näher Ina Lorenz, Seefahrts-Hachschara in Hamburg, S. 465–467.

119 Frank Bajohr, „Arisierung" in Hamburg, S. 467 f.; Jan Heitmann, Fairplay Schleppdampfschiffsreederei Richard Borchard, S. 41.

120 Vgl. zu den Wertangaben Ina Lorenz, Seefahrts-Hachschara in Hamburg, S. 465.

121 Frank Bajohr, Parvenüs und Profiteure. Korruption in der NS-Zeit, Frankfurt am Main 2001.

122 Frank Bajohr, Gauleiter in Hamburg. Zur Person und Tätigkeit Karl Kaufmanns (1900–1969), in: Vierteljahreshefte für Zeit-

geschichte, 43 (1995), H. 2, S. 267–295, hier S. 279; ders., Hamburgs „Führer". Zur Person und Tätigkeit des Hamburger NSDAP-Gauleiters Karl Kaufmann (1900–1969), in: ders./Joachim Szodrzynski (Hrsg.), Hamburg in der NS-Zeit. Forum Zeitgeschichte Band 5, Hamburg, 1995, S. 59–91; ferner Joist Grolle, Schwierigkeiten mit der Vergangenheit. Anfänge der zeitgeschichtlichen Forschung in Hamburg in der Nachkriegszeit, in: ZHG 78 (1992), S. 1–65.

123 Runderlaß des Reichsverkehrsministers vom 3.11.1938 – S 13 s 6797/38 - § 1 der Prüfungsordnung für Seeschiffer- und Steuermannprüfungen vom 29.7.1931 (RMBl. S. 497) und für Schiffsingenieur- und Seemaschinisten vom 26.3.1934 (RMBl. S. 323).

124 Kobi Cohen-Hattab, Zionism's Maritime Revolution. The Yishuv's Hold on the Land of Israel's Sea and Shores, 1917–1948, Berlin 2019.

125 Björn Siegel, Zwei Visionäre der zionistischen Eroberung der Meere, S. 248 mit Fußnote 36.

126 Volkard Bir, Julius Schindler und seine Unternehmen, Bremen (Privatdr.) 2008.

127 Hans Jürgen Witthöft, Fairplay – dafür steht der Name, S. 46 f.

128 Hans Jürgen Witthöft, Fairplay – dafür steht der Name, S. 47.

129 River Tyne ist ein Fluss in Nordengland (Northumberland), die nächste Großstadt ist Newcastle. Die „Mercantile Dry Docks" befinden sich in Jarrow.

130 Ina Lorenz/Jörg Berkemann, Die Hamburger Juden im NS-Staat 1933 bis 1938/39, Bd. II, S. 1023.

131 StAHH, 351–8 Aufsicht über Stiftungen, B 72, Schreiben der Staatsverwaltung an den Vorstand der Fairplay-Stiftung vom 30.9.1938 unter Mitteilung des Stiftungsinhaltes.

132 Ina Lorenz/Jörg Berkemann, Die Hamburger Juden im NS-Staat 1933 bis 1938/39, Bd. VI, S. 119.

133 Nach dem Bericht von Kurt Borchard, in der Jubiläumsschrift Fairplay Schleppdampfschiffs-Reederei Richard Borchard GmbH 1905–1980, Hamburg 1980 (ohne Seitenzählung).

134 Ortwin Pelc, Als englischer Dolmetscher bei der Hamburger Kapitulation 1945. Lebensweg und Erinnerungen von Ilya Suster, in: ZHG 106 (2020), S. 107–129.

135 Ursula Büttner, „Gomorrha“ und die Folgen. Der Bombenkrieg, in: Forschungsstelle für Zeitgeschichte Hamburg (Hrsg.), Hamburg im „Dritten Reich“, Göttingen 2005, S. 471–518.

136 Jan Heitmann, Fairplay Schleppdampfschiffsreederei Richard Borchard, S. 42.

137 Kurt Borchard, Jubiläumsschrift Fairplay Schleppdampfschiffs-Reederei Richard Borchard GmbH 1905–1980, Hamburg 1980.

138 Hamburger jüdische Opfer des Nationalsozialismus. Gedenkbuch, (bearb. von Jürgen Sielemann unter Mitarbeit von Paul Flamme), Hamburg 1995, S. 46.

139 Jürgen Matthäus, Das Ghetto Kaunas und die „Endlösung“ in Litauen in: Wolfgang Benz/Marion Neiss (Hrsg.), Judenmord in Litauen. Studien und Dokumente, Berlin 1999, S. 97–113.

140 Hans Jürgen Witthöft, Fairplay – dafür steht der Name, S. 58.

141 The Londoner’s Diary, 15. Dezember 1952. Friedrich Borchardt hatte die deutlich ältere Irma Borchardt (geb. Sommerfeld, geb. am 2. Mai 1890) geheiratet. Seine Ehefrau emigrierte nach Australien.

Literatur

Algermissen, Konrad, Schlepper im Hamburger Hafen. Die Seeschiffsassistenz, Norderstedt 2014.

Bajohr, Frank, Hamburgs „Führer". Zur Person und Tätigkeit des Hamburger NSDAP-Gauleiters Karl Kaufmann (1900–1969), in: Heinrich Erdmann, (Hrsg.), Hamburg im Dritten Reich. Sieben Beiträge, Hamburg (Landeszentrale für politische Bildung) 1998, S. 119–147.

Bajohr, Frank, „Arisierung" in Hamburg. Die Verdrängung der jüdischen Unternehmen 1933–1945, 2. Aufl., Hamburg 1998.

Bajohr, Frank, Von der Ausgrenzung zum Massenmord. Die Verfolgung der Hamburger Juden 1933–1945, in: Forschungsstelle für Zeitgeschichte Hamburg (Hrsg.), Hamburg im „Dritten Reich", Göttingen 2005, S. 471–518.

Barkai, Avraham, „Schicksalsjahr 1938". Kontinuität und Verschärfung der wirtschaftlichen Ausplünderung der Juden, in: Ursula Büttner (Hrsg.), Das Unrechtsregime. Verfolgung/Exil/Belasteter Neubeginn, Hamburg 1986.

Barkai, Avraham, Vom Boykott zur „Entjudung". Der wirtschaftliche Existenzkampf der Juden im Dritten Reich 1933–1943, Frankfurt am Main 1988.

Bernstein, Arnold, Ein jüdischer Reeder. Von Breslau über Hamburg nach New York, dt. hrsg. vom Deutschen Schiffahrtmuseum, Hamburg u. a. 2001.

Bir, Volkard, Julius Schindler und seine Unternehmen, Privatdruck, Bremen 2008.

Brämer, Andreas, Judentum und religiöse Reform. Der Hamburger Israelitische Tempel 1817–1938, Hamburg 2000.

Büttner, Ursula/Werner Jochmann, Hamburg auf dem Weg ins Dritte Reich. Entwicklungsjahre 1931–1933, Hamburg 1983.

Büttner, Ursula, Hamburg in der Staats- und Wirtschaftskrise 1928–1931, Hamburg 1982.

Büttner, Ursula, Politische Gerechtigkeit und sozialer Geist. Hamburg zur Zeit der Weimarer Republik, Hamburg 1985.

Evans, Richard J., Tod in Hamburg. Stadt, Gesellschaft und Politik in den Cholera-Jahren 1830–1910, Reinbek bei Hamburg 1990.

Feilchenfeld, Werner/Dolf Michaelis/Ludwig Pinner, Haavara-Transfer nach Palästina und Einwanderung deutscher Juden 1933–1939, Tübingen 1972.

Schnake, Reinhard H., Geschichte der Schleppschifffahrt, Bd. 2, Bugsier-, Reederei- und Bergungs-Gesellschaft m.b.H., Herford 1992.

Heitmann, Jan, Hamburgs Hafen in der „Stunde Null". Bilder von Zerstörung und Neuanfang, Hamburg 2006.

Heitmann, Jan, Fairplay. Schleppdampfschiffs-Reederei Richard Borchard. Seeschiffsassistenz und Schleppschifffahrt im Wandel der Zeit, Hamburg 2005.

Hoffmann, Traute, Der erste deutsche ZONTA-Club. Auf den Spuren außergewöhnlicher Frauen, 2. Aufl., München/Hamburg 2006.

Kludas, Arnold/Dieter Maas/Susanne Sabisch, Hafen Hamburg. Die Geschichte des Hamburger Freihafens von den Anfängen bis zur Gegenwart, Hamburg 1988.

Lorenz, Ina/Jörg Berkemann, Die Hamburger Juden im NS-Staat 1933 bis 1938/39, 7 Bde., Göttingen 2016.

Lorenz, Ina, Lucy Borchardt, in: Franklin Kopitzsch und Dirk Brietzke (Hrsg.), Hamburgische Biografie. Personenlexikon, Bd. 6, Göttingen 2012, S. 41–44.

Lorenz, Ina, Seefahrts-Hachschara in Hamburg 1935–1938. Lucy Borchardt: „Die einzige jüdische Reederin der Welt", in: Hans Wilhelm Eckardt und Klaus Richter (Hrsg.), Bewahren und Berichten. Festschrift für Hans-Dieter Loose zum 60. Geburtstag, Zeitschrift des Vereins für Hamburgische Geschichte 83,

Hamburg 1997, S. 445–472.
Lorenz, Ina, Die Juden in Hamburg zur Zeit der Weimarer Republik. Eine Dokumentation, 2 Bde., Hamburg 1987.
Maas, Dieter, Der Ausbau der Hamburger Hafens 1840 bis 1910. Entscheidung und Verwirklichung, Hamburg 1990.
Mordhorst, Jan, Schlepper, Hamburg 1988.
Morisse, Heiko, Ausgrenzung und Verfolgung der Hamburger jüdischen Juristen im Nationalsozialismus, Bd. 1 – Rechtsanwälte, Bd. 2 – Beamtete Juristen, 2. überarb. Aufl., Göttingen 2013.
Ran, Daniela, The Contribution of Jewish-German Immigrants to Maritime Development in Israel, in: Nadav Kashtan (Hrsg.), Seafaring and the Jews, London 2001, S. 94–101.
Schmelzkopf, Reinhardt, Die deutsche Handelsschifffahrt 1919–1939, 2 Bde., Oldenburg 1974.
Siegel, Björn, Zwei Visionäre der zionistischen Eroberung der Meere. Arnold Bernsteins und Lucy Borchardts Auseinandersetzungen mit dem Zionismus, in: Lisa Sophie Gebhard/David Hamann (Hrsg.) Deutschsprachige Zionismen. Verfechter, Kritiker und Gegner, Organisationen und Medien (1890–1938), Berlin u. a. 2019, S. 237–255.
Ulrich, Volker, Weltkrieg und Novemberrevolution. Die Hamburger Arbeiterbewegung 1914 bis 1918, in: Heinrich Erdmann (Hrsg.), Hamburg im Ersten Viertel des 20. Jahrhunderts, Hamburg 2000.
van Raden, Till, Juden und andere Breslauer. Die Beziehungen zwischen Juden, Protestanten und Katholiken in einer deutschen Großstadt von 1860 bis 1925, Göttingen 2000.
von Villiez, Anna, Mit aller Kraft verdrängt. Entrechtung und Verfolgung „nicht arischer“ Ärzte in Hamburg 1933 bis 1945, München/Hamburg 2009.
Witthöft, Hans J., Fairplay. Dafür steht der Name, Chronik einer deutschen Schleppreederei, Hamburg 2008.

Zum 75-jährigen Jubiläum der Fairplay-Reederei. Fairplay Schleppdampfschiffs-Reederei Richard Borchard GmbH 1905–1980. Verfasser Kurt Borchard, Udo Wehmann, Hamburg 1980, o. S. [48 S.].

Abbildungsnachweis

Alle Abbildungen mit freundlicher Genehmigung der Fairplay Schleppdampschiffs-Reederei Richard Borchard GmbH, mit Ausnahme von S. 62 Porträtzeichnung Lucy Borchardt von Otto Quirin, Sammlung Ina Lorenz/Michael Studemund-Halévy.

Über die Autorin

Ina Lorenz
Prof. Dr. phil. habil., Historikerin, bis 2005 stellvertretende Direktorin des Instituts für die Geschichte der deutschen Juden, Hamburg. Forschungen und Publikationen zur deutsch-jüdischen Geschichte des 19. und 20. Jahrhunderts im norddeutschen Raum. Ihre Schwerpunkte liegen in der Sozial- und Gemeindegeschichte der Hamburger Juden in der Weimarer Republik, im NS-Staat, in der Nachkriegszeit und frühen Bundesrepublik sowie in der Friedhofsgeschichte und in Biographien. In den „Jüdischen Miniaturen" sind von ihr erschienen: *David Sealtiel. „Ich will der Landsknecht des jüdischen Volkes sein"* (ISBN 978-3-95565-344-6), *Leo Lippmann. „Ich bin Sohn meiner innig geliebten deutschen Heimat"* (ISBN 978-3-95565-416-0), *Herbert Pardo. Hamburger Sefarde, Jurist, SPD-Parlamentarier, Zionist* (ISBN 978-3-95565-486-3).